中国金融体系

系统性风险

研究

朱波 著

ZHONGGUO
JINRONG TIXI
XITONGXING
FENGXIAN YANJIU

Southwestern University of Finance & Economics Press
西南财经大学出版社
中国·成都

图书在版编目(CIP)数据

中国金融体系系统性风险研究/朱波著 . —成都:西南财经大学出版社,
2014. 11
ISBN 978 – 7 – 5504 – 1654 – 3

Ⅰ.①中⋯　Ⅱ.①朱⋯　Ⅲ.①金融风险防范—研究—中国
Ⅳ.①F832. 1

中国版本图书馆 CIP 数据核字(2014)第 258223 号

中国金融体系系统性风险研究

朱　波　著

责任编辑:李霞湘
封面设计:穆志坚
责任印制:封俊川

出版发行	西南财经大学出版社(四川省成都市光华村街 55 号)
网　　址	http://www. bookcj. com
电子邮件	bookcj@ foxmail. com
邮政编码	610074
电　　话	028 – 87353785　87352368
照　　排	四川胜翔数码印务设计有限公司
印　　刷	郫县犀浦印刷厂
成品尺寸	170mm × 240mm
印　　张	11. 75
字　　数	150 千字
版　　次	2014 年 11 月第 1 版
印　　次	2014 年 11 月第 1 次印刷
书　　号	ISBN 978 – 7 – 5504 – 1654 – 3
定　　价	60. 00 元

本书获国家自然科学基金青年项目"宏观审慎管理时代金融体系系统性风险研究"（No. 71103146）资助。

本书获西南财经大学"中央高校基本科研业务费专项资金"2014 年度专著与后期资助项目"中国金融体系系统性风险研究"（NO.JBK140815）和 2013 年度重大基础理论研究项目（金融安全专项）"中国系统重要性银行动态监管机制研究"（No. JBK131105）的资助。

前　言

　　2007—2009 年国际金融危机爆发后，全球在加强宏观审慎监管、防范金融体系系统性风险、维护金融稳定方面取得了共识，宏观审慎管理成为理论界和政策制定者关注的热门话题，构建逆周期的金融宏观审慎管理框架也是"十二五"期间我国深化金融体制改革的重要内容。

　　宏观审慎管理的核心是金融体系系统性风险的度量和金融机构系统性风险贡献度的确定。近年来，我国金融体系规模不断发展壮大，金融机构业务越来越多样化，金融网络结构日益复杂，金融机构关联程度日益增加，加强在时间和横截面维度上不断累积的系统性风险管理对我国金融体系的平稳运行越来越重要。

　　新近金融危机的爆发推动了金融体系系统性的研究，相关文献大量涌现。CoVaR、MES、SRISK 等收益率分布尾部条件关联方法、预警模型方法、压力测试方法、未定权益分析方法、网络分析方法、多元极值理论方法等被用来对系统性风险进行度量和分析。巴塞尔协议Ⅲ和我国《商业银行资本管理办法》制定了逆周期资本监管政策和系统重要性金融机构资本附加政策，试图加强对系统性风险的宏观审慎管理。

　　尽管已有部分学者对我国金融体系系统性风险的度量和管理问题进行了研究，但仍然存在一些尚无定论的问题。随着我国利率市场化进程的加快、金融体系规模不断发展壮大、金融机构业务日益多样化和复杂化，外部冲击对我国金融系统的影响和我国金融体系内生性风险都会加剧我国金融体系的不稳定性。因此，对我国金融体系系统性风险的度量、系统重要性金融机构范围的动态识别机制、逆周期资本政策锚定指标选择等问题进行深入分析，具有重要的理论意义和现实意义。本书试图对此进行探索。

全书共分为六章。第一章是导言，介绍本书的目的、结构安排和主要创新点。第二章分析金融体系系统性风险的特征、成因和传导机制，考察我国金融体系系统性风险的演化特点，为后续分析奠定基础。第三章对金融体系系统性风险的监管政策进行分析，对巴塞尔协议Ⅲ和《商业银行资本管理办法》中针对系统性风险的宏观审慎管理政策和工具进行探讨，对宏观审慎管理政策与货币政策和财政政策协调配合问题进行考察，为后续实证分析和政策建议做好铺垫。第四章对我国金融体系发展规模、业务类型和关联结构进行分析。金融体系运行环境的变化会导致系统性风险积累和传导的机制发生变化，规模和关联结构在系统性风险的积累过程有着越来越重要的作用。这一章还基于 CoVaR 和 MES 尾部关联方法对我国上市金融机构的系统性风险溢出效应进了度量和分析。第五章对我国金融机构系统重要性问题进行考察。尽管中国工商银行和中国银行已经被列入全球系统重要性银行的名单，但国内系统重要性银行范围的确定和动态调整机制尚无定论。这一章基于《中国银监会关于中国银行业实施新监管标准的指导意见》和《全球系统重要性银行：评估方法和附加损失吸收能力要求（征求意见稿）》中的指标法，对我国上市银行的系统重要性进行度量和分析。第六章探讨的是逆周期缓冲资本调整指标的选择问题。我国虽明确了逆周期宏观审慎管理框架的构建目标，但逆周期缓冲资本的具体计提方法还未确定。

这一章在使用主成分分析法对我国金融体系脆弱性进行测度的基础上，使用信号提取法来实证考察我国逆周期缓冲资本调整指标的选择问题。

由于时间、精力、样本数据等诸多方面的原因，本书还有很多不完善的地方。我国金融机构系统重要性的影响因素分析、基于银行间同业拆借市场网络关联结构来探讨系统性风险度量和系统重要性机构识别问题、我国金融体系统性风险预警体系构建等，是进一步的研究方向。

在写作过程中，牛锋、杨文华、卢露、王先权、钱南希、罗钦林和邓叶锋等参与了数据和资料的收集与整理工作，在此一并表示感谢！

感谢西南财经大学出版社张岚和李霞湘编辑为本书出版所做出的辛勤工作！

朱　波

2014 年 11 月

目　录

1　导言／ 1

1.1　本书的主要目的／ 1

1.2　本书的结构安排／ 4

1.3　本书的主要创新点／ 7

2　金融体系系统性风险及特征／ 9

2.1　金融体系系统性风险／ 9

2.2　系统性风险的特征／ 14

2.3　系统性风险的成因／ 21

2.4　系统性风险的传导机制／ 29

2.5　本章小结／ 36

3　金融体系系统性风险的宏观审慎管理／ 37

3.1　巴塞尔协议Ⅲ的基本思想／ 39

3.2　《商业银行资本管理办法》／ 51

3.3　监管改革对我国商业银行的影响／ 57

3.4　宏观审慎管理的主要工具／ 62

3.5 宏观审慎政策与货币政策和财政政策的协调配合 / 74

3.6 本章小结 / 79

4 中国金融体系系统性风险分析 / 81

4.1 我国金融体系发展现状 / 81

4.2 我国金融体系系统性风险的演变 / 92

4.3 金融体系统性风险度量方法 / 98

4.4 我国上市金融机构系统性风险溢出效应实证分析 / 101

4.5 本章小结 / 116

5 中国金融机构系统重要性度量研究 / 117

5.1 系统重要性金融机构及监管必要性 / 117

5.2 系统重要性金融机构的划分标准和识别方法 / 120

5.3 我国上市银行的系统重要性度量 / 126

5.4 本章小结 / 140

6 中国逆周期缓冲资本调整指标研究 / 141

6.1 引言 / 141

6.2 问题提出 / 143

6.3 研究设计 / 145

6.4 实证分析 / 150

6.5 本章小结 / 160

参考文献 / 162

1　导言

1.1　本书的主要目的

　　2007 年始于美国的次贷危机迅速扩散至全球，引发了自"大萧条"以来最具破坏力的全球性金融危机。各国金融市场难以独善其身。美国金融市场首当其冲，几大资本雄厚的金融机构也未能幸免，"两房"（房地美、房利美）被政府接管，雷曼兄弟和华盛顿互惠银行破产倒闭，贝尔斯登和美林证券被兼并收购，美国国际集团（AIG）接受政府注资，高盛也曾被指控在销售抵押债务债券时隐瞒信息、欺骗投资者。一时间，华尔街巨头所剩无几。欧洲受到的冲击也较为明显，金融业危机演变为国家信用危机，部分国家濒临破产。这次危机将世界经济拖向了衰退的泥潭，几个发达国家的经济出现负增长，新兴国家增长放缓，由此导致失业和各种社会问题频发。金融业已经成为一个国家经济的核心，金融系统的稳定对经济发展至关重要。本次金融危机危害巨大，引发了各界对金融系统稳定性和金融体系系统性风险管理的高度关注。

　　流动性过剩和资产证券化被认为是本次危机爆发的直接原因。大量的资金涌入美国房地产市场，房地产行业呈现繁荣景象，贷款购房者显著增加。银行面临较大的信贷风险，不得不将不良资产打包销售，通过资产证券化的方式分散风险。房地产泡沫破灭后，关联方无一幸免。流动性过剩和资产证券化固然是本次危机的直接原因，但金融体系系统性风险监管上的漏洞才是根本原因。

现代金融体系呈现网络化特征，金融机构之间相互关联、相互影响。一些金融机构由于自身的规模特性、业务复杂性和业务关联性等原因，对整个金融系统有着较大的负外部效应，对系统重要性金融机构的监管失效是本次危机爆发的重要原因。当时的风险监管体系依然停留在单个机构层面，忽视了金融体系的风险关联性，也未对系统重要性金融机构实施更为严格的资本监管。金融体系系统性风险的监管越来越重要，金融系统的稳定性和系统性风险逐渐成为学术界和政策制定者关注的热门话题，巴塞尔协议Ⅲ和《商业银行资本管理办法》也将整个金融体系的稳定性作为宏观审慎监管政策的重要目标，并制定了逆周期资本监管政策和系统重要性金融机构资本附加政策。

对金融体系系统性风险的研究并非源于此次危机，在此之前已有大量研究使用经验指标法、改进的矩阵法和网络模型方法等来探讨系统性风险的度量问题。一些度量方法要求每个与系统性风险相关的金融稳定性指标数据都能获得，但长期以来在指标的选择和优化问题上不同学者的看法并不一致，这主要体现在对各项指标所占权重的分配问题上，部分方法在各项指标的赋权上表现出了较大的随意性。

新近金融危机后，对系统性风险度量方法的研究深入发展。基于收益率分布尾部关联的方法可用来度量某家金融机构在极端事件下对金融体系的负面影响，协同风险模型补充了网络分析方法在评估由共同风险因素暴露所导致的非直接金融联系方面的不足。CoVaR 方法被认为既可以用来分析全球银行系统和单一国家的左尾相互依存性，也可用来单独估计该国银行体系的系统性风险，但在使用过程中需要应用分位数回归方法等，存在一定的复杂性。诸如 CoVaR、MES、SRISK 等基于金融机构股票收益率的方法也存在与市场 β 难以分离的严重问题。

预警模型方法可用来预测未来可能发生的金融不稳定性，识别金融系统隐藏的危机。这类方法需要对金融危机进行清楚界定，通过实证分析来判定预测金融危机的适用指标，对这些指标进行监控可以达到防范金融危机爆发的目的。但是，由于该方法源于对金融危机数据的分析，在很多发展中国家并没有发生过真正的金融危机，因此这类方法对一些发展中国家而言并不一定适用。也有学者使用基于压力测试的方法来研究金融系统抵御极端外部冲击的能力。

系统性风险的度量还有其他方法，比如基于或有权益分析的系统性风险度量方法（SCCA）。这类方法在或有权益分析的基础上从市场隐含的期望损失中获取信息来度量系统性风险，将其应用于政府隐形或或有负债的分析，以及对单个金融机构在系统性危机中对或有负债的边际贡献进行度量。

对于系统重要性金融机构的识别，IMF 认为可以根据风险暴露程度、杠杆率、规模、可替代程度、相关度、流动性风险、期限错配和复杂性等指标来进行评估，但各项指标的权重分配一直存在争议。不少学者提出了更严谨的评价方法。Elsinger 等（2006）和 Nier 等（2007）使用的是网络分析法，Tarashev 等（2009）和 Huang 等（2009）使用的是 Merton 未定权益分析方法的扩展形式，Foglia（2009）和 IMF（2009）则分别使用宏观压力测试和早期预警系统方法，Hartman 等（2005）和 Chan-Lau（2010）等使用的是极值理论方法。Adrian 和 Brunnermeier（2010）基于风险分布尾部"条件关联"的方法，使用条件在险价值（CoVaR）来刻画金融机构间的风险关联性，用来度量单个机构对金融系统性风险的边际贡献及其系统重要性。新近的大量文献对这些方法进行了扩展，相关实证分析也大量涌现。

尽管已有部分学者对我国金融体系系统性风险的度量和管理问题进行了研究，但仍然存在一些尚无定论的问题。随着我国利率市场化进程加快、金融体系规模不断发展壮大、金融机构业务日益多样化和复杂化，外部冲击对我国金融系统的影响和我国金融体系内生性风险都会加剧我国金融体系的不稳定性。因此，对我国金融体系系统性风险的度量、系统重要性金融机构范围的动态识别机制、逆周期资本政策锚定指标选择等问题进行深入分析，具有重要的理论意义和现实意义。

1.2 本书的结构安排

本书共分六章，第一章为导言，其余各章是对具体问题的探讨，研究框架如图1-1所示。各章具体内容概述如下：

第二章为金融体系系统性风险及特征。这一章先对金融体系系统性风险的定义进行全面考察，综合比较后选择欧洲央行的界定作为本书的研究对象，然后将其与资本市场中不可分散的系统性风险之间的区别和联系进行分析。金融体系系统性风险具有宏观性、内生性、外部性和传染性等特征，这一章接下来分析这些特征在我国金融体系中的具体体现，考察我国金融体系系统性风险的演化特征。最后，对系统性风险在时间维度和横截面维度的成因进行剖析，对具体传导机制进行分析。本章的研究为后续各章的分析奠定基础。

第三章是金融体系系统性风险的宏观审慎管理。新近金融危机的爆发使得全球加强了对金融体系系统性风险的监管，宏观审慎管理应运而

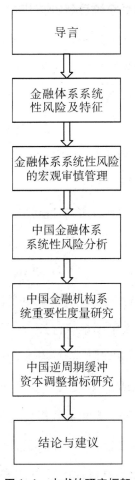

图 1-1　本书的研究框架

生。宏观审慎管理的核心是金融体系系统性风险的度量及各家金融机构系统性贡献的测度。金融体系系统性风险的宏观审慎管理表现为时间维度的逆周期资本政策和横截面维度的系统重要性金融机构资本附加政策，这在巴塞尔协议Ⅲ和《商业银行资本管理办法》中体现得非常明显。这一章先对这两个监管办法进行剖析，探讨其对商业银行的影响，再对宏观审慎管理的工具进行梳理和比较，最后就宏观审慎政策与货币政策和财政政策的协调配合问题进行分析。

第四章为中国金融体系系统性风险分析。金融体系系统性风险的聚集与金融体系的发展演变紧密相关，近年来我国金融体系规模不断发展壮大，金融机构业务日益多样化，金融网络关联结构越来越复杂，因此系统性风险的积累和演变呈现出新的特征和模式。这一章先对我国金融体系的发展规模和结构进行考察，再分析当前形势下我国金融系系统性风险的特征，最后使用 CoVaR 和 MES 方法对上市金融机构的系统性风险溢出效应进行度量和分析。

第五章是中国金融机构系统重要性度量研究。新近国际金融危机后，系统重要性金融机构在金融体系系统性风险形成和传播过程中所扮演的角色受到广泛关注。2013 年 11 月 11 日，金融稳定理事会公布了最新的全球系统重要性银行名单，中国工商银行和中国银行入选全球系统重要性金融机构名单，而中国银行已连续三年入选，这意味着中国银行业的影响力已在国际上获得了一定程度的认可。这一章先对 IMF、BIS 和 BCBS 等给出的"系统性重要性"的内涵进行梳理，考察对其监管的必要性和重要性，再对系统性金融机构的划分标准和识别方法进行阐述，最后基于《中国银监会关于中国银行业实施新监管标准的指导意见》和《全球系统重要性银行：评估方法和附加损失吸收能力要求（征求意见稿）》中的指标法，对我国上市银行的系统重要性进行度量和分析。为了得到较为稳健的结论，指标权重的确定使用等权重和熵值法权重两种方法。

第六章是中国逆周期缓冲资本调整指标研究。巴塞尔协议Ⅲ提出了逆周期资本缓冲的宏观审慎监管政策，建议将信贷/GDP 作为核心挂钩变量，根据其对长期趋势的偏离幅度（GAP）来确定是否计提逆周期缓冲资本。我国虽明确了逆周期宏观审慎管理框架的构建目标，但逆周期缓冲资本的具体计提方法还未确定。逆周期缓冲资本政策实施的关键在于核心挂钩变量的选择，调整指标选择是否合适直接关系到逆周期政策的效果。这一章在使用主成分分析法对我国金融体系脆弱性进行测度的基础上，使用信号提取法来实证考察我国逆周期缓冲资本调整指标的选择问题。本章的研究对我国逆周期资本政策中锚定指标的选择具有一定的借鉴意义。

1.3 本书的主要创新点

本书创新之处体现在以下三个方面：

（1）对金融体系系统性风险的内涵进行了深入考察，对宏观性、内生性、外部性和传染性等特征及其表现进行了分析，对其成因和传导机制进行了剖析。对系统性风险管理的宏观审慎监管政策，如巴塞尔协议Ⅲ和《商业银行资本管理办法》等，进行了系统梳理和总结。结合我国金融体系的发展状况，对我国金融体系系统性风险的演化趋势和特征进行了考察，对宏观审慎管理政策与货币政策和财政政策协调的问题进行了探讨。

（2）基于 CoVaR 和 MES 方法对我国上市金融机构的系统性风险溢出效应进行了度量和分析，基于指标法对我国上市银行的系统重要性进行了测度。为了得到更为稳健的结论，指标法中的权重使用等权重方法和熵值法权重方法。我国金融机构的系统重要性排序存在一些变化，规模对系统重要性的影响日益减弱，而与其他金融机构之间的关联程度的影响却越来越重要。研究结论有助于我国系统重要性金融机构范围的确定和识别方法动态调整政策的制定，也为系统重要性银行资本附加政策的实施提供了参考。

（3）在使用主成分分析法对我国金融体系脆弱性进行测度的基础上，使用信号提取法来实证考察我国逆周期缓冲资本调整指标的选择问题。信贷/GDP 缺口在整个阶段未能对缓冲资本的调整提供可靠信号，其作为逆周期缓冲资本调整指标对中国金融体系不具有适用性。而 GDP 缺口和贷款损失准备金率分别在缓冲资本积累和释放阶段表现出较为稳定的预警性能，在缓冲资本积累和释放阶段分别建立以 GDP 缺口和贷款损失准备金率为主要调整指标的计提机制能更好地缓释我国金融体系系统性压力。研究结论为逆周期缓冲资本政策的制定和具体实施具有一定的借鉴意义。

2 金融体系系统性风险及特征

2.1 金融体系系统性风险

（一）金融体系系统性风险的定义

2007—2009 年国际金融危机以来，加强金融体系系统性风险的监管成为学术界和政策制定者关注的热门话题。众多人士基于不同视角对金融体系系统性风险的内涵进行了考察，尽管他们给出的定义之间存在一定的差异，但在如下几个方面取得了共识：首先，系统性风险不是金融体系内各家金融机构风险的简单加总，而是基于宏观和全局视角的风险。其次，系统性风险具有较强的外部性，单家金融机构遭遇损失或金融市场极端事件等的发生，会通过金融体系之间复杂的关系网络产生连锁反应，金融体系逐渐累积的风险最终由所有参与者共同承担。最后，系统性风险具有溢出效应和传染效应，金融体系系统性风险会通过多种途径传导到实体经济领域，对实体经济产生重大影响。

由于不同学者分析和讨论金融体系系统性风险的维度存在较大的差

异，目前尚未形成一个为大家都普遍接受的统一定义。[①] 在这些系统性风险定义中，欧洲央行（2009）给出的界定较具代表性：金融体系系统性风险是指金融体系极度脆弱，金融不稳定在大范围内发生，危及整个金融体系的正常运行，使经济增长和社会福利遭受巨大损失的风险。这一定义较为准确地概括了金融体系系统性风险宏观性、外部性和传染性等特征。

既有文献对系统性风险内涵的考察主要从四个方面展开：

（1）从危害范围的角度。这一领域的研究主要以 Kaufman 和 Scott（2003）、Bernanke（2009）等最具有典型性。Kaufman 和 Scott（2003）认为，金融体系系统性风险指整个系统崩溃而不是个体故障的风险或可能性，表现为系统内大多数个体或全部个体之间的相关性。Bernanke（2009）指出，系统性风险是威胁整个金融体系和宏观经济的不稳定事件而非一两个金融机构的不稳定性。

（2）从风险传染的角度。以 Hermosill（1996）、Kaufman（1999）、Hart 和 Zingales（2009）等为代表的研究从风险传染的角度对金融体系

① 有关金融体系系统性风险的定义，参考了如下文献：

Acharya. A theory of systemic risk and design of prudential bank regulation [J]. Journal of Financial Stability, 2009 (5).

BCBS. Global systemically important banks: assessment methodology and the additional loss absorbency requirement [R]. 2011.

De Bandt, Hattmann P, Systemic risk: a survey [R]. CEPR Discussion Paper, 2000 (2634).

Financial Stability Forum. Report of the financial stability forum on addressing procyclicality in the financial system [R]. Basel, 2009.

白雪梅，石大龙. 中国金融体系的系统性风险度量 [J]. 国际金融研究，2014 (6).

贾彦东. 金融机构的系统重要性分析——金融网络中的系统风险衡量与成本分担 [J]. 金融研究，2011 (10).

肖崎. 现代金融体系下系统性风险的演变与防范 [J]. 金融发展研究，2012 (1).

徐超. 系统重要性金融机构识别方法综述 [J]. 国际金融研究，2011 (11).

张亮，许爱萍，李树生，梁勇晖. 金融体系"系统风险"的理论辨析——与"系统性风险"的区别与联系 [J]. 金融理论与实践，2013 (8).

张蕊，贺晓宇. 金融体系的系统性风险测度方法文献综述 [J]. 华北金融，2013 (11).

系统性风险进行了定义。Hermosill（1996）和 Kaufman（1999）等认为，系统性风险是单个事件通过影响一连串的机构和市场，引起多米诺骨牌效应致使损失扩散的可能性。Hart 和 Zingales（2009）认为，系统性风险是指金融体系内机构倒闭或市场崩溃等极端事件从一个机构传染到多家机构或从一个市场传染到多个市场而引起多米诺骨牌效应，导致损失在金融体系内不断扩散和蔓延，进而对实体经济造成冲击的风险。

（3）从影响实体经济的角度。从对实体经济影响的视角对系统性风险进行定义的研究主要以国际货币基金组织（IMF）、二十国集团（G20）财长和央行行长报告等为代表。二十国集团（G20）财长和央行行长报告（2010）将系统性风险定义为"由部分或全部受损的金融体系造成的，可能对实体经济造成严重负面影响的金融服务流程受损或破坏的风险"。国际货币基金组织（IMF）在 2011 年指出，系统性风险是指金融体系部分或全部遭受损失时所导致的大面积金融服务中断，进而给实体经济造成严重影响的风险。

（4）从金融功能的角度定义。Minsky（1995）认为，系统性风险是突发事件引发金融市场信息中断，使得金融市场的信息处于混乱状态，从而导致金融功能丧失的可能性。国际清算银行（1994）指出，系统性风险是金融活动的参与者未能履行契约型债务义务可能依次导致其他的参与者违约从而导致更大范围的金融困境的一连串反应。张晓朴（2010）则将系统性风险定义为整个金融体系崩溃或丧失功能的或然性。

上述定义从不同角度对系统性风险的本质进行了抽象概括，系统性风险的宏观性、外部性和传染性等特点都得到了体现。鉴于概括的全面性和准确性，本书借鉴欧洲央行（2009）对金融体系系统性风险的定义，即：金融体系极度脆弱，金融不稳定大范围发生，危及整个金融体系的正常运行，使经济增长和社会福利遭受巨大损失的风险。

（二）与资本市场中"系统性风险"的联系和区别

2007—2009 年金融危机爆发后，对金融体系内系统性风险的管理缺位导致了本次危机的发生，这已成为各国政府、金融界和学术界达成的共识。自此之后，金融体系"系统性风险"（Systemic Risk）在学术研究中大量涌现。此外，一般也将资本市场中的 Systematic Risk 翻译为"系统性风险"。尽管如此，两者之间实际上存在较大的差异。

资本市场中的系统性风险源于诺贝尔经济学奖得主 William Sharpe 对资本资产定价模型（CAPM）的研究。他将金融资产的风险划分为系统性风险和非系统性风险两个部分。前者是由政治、经济、社会等因素变动导致的金融资产价格变动，后者则是由个别因素导致的该种资产价格变动。通过投资组合的构造，一般可以将非系统性风险分散掉，而不能分散的风险就是系统性风险。因此，资本市场中的系统性风险也被称为市场风险、不可分散风险或 β 风险。[①]

金融体系系统性风险与资本市场中系统性风险同时存在。对比两者的定义和相关理论就可以看出，两者在诸多方面存在着密切联系，但差异也非常明显。[②] 国内有部分学者为了区别起见，建议将金融体系 Systemic Risk 翻译为"系统风险"，而将资本市场中 Systematic Risk 翻译为"系统性风险"。[③] 由于已有诸多文献使用"金融体系系统性风险"这一

[①] Cochrane J. Asset Pricing [M]. New Jersey: Princeton University Press, 2005.

[②] 有关金融体系系统性风险与资本市场中"系统性风险"的联系和区别，参考了以下文献：张晓朴. 系统性金融风险研究：演进、成因与监管 [J]. 国际金融研究, 2010 (7).

张亮, 许爱萍, 李树生, 等. 金融体系"系统风险"的理论辨析：与"系统性风险"的区别与联系 [J]. 金融理论与实践, 2013 (8).

[③] 如张亮等（2013）。

术语，且本书关注的对象是"金融体系"风险管理问题，不存在术语混淆的问题，因此本书仍将 Systemic Risk 称为"系统性风险"。

金融体系系统性风险与资本市场中"系统性风险"之间互为因果的关系，体现在以下两个方面：一方面，金融机构为了分散异质风险，通过投资组合构造等行为使得单家金融机构面临的系统性风险演变为整个金融体系的系统性风险。单家金融机构为了应对无法分散的系统性风险和增加流动性等目的，通过金融创新创设了大量的衍生金融工具，相关交易形成了金融机构之间的复杂网络，这种网络的拓扑结构意味着脆弱性存在。另一方面，金融体系系统性风险对于单家金融机构而言很难进行分散。金融体系系统性风险一旦爆发，将导致信用缺失、资产价格暴跌和市场流动性短缺等问题，进而影响国家的经济政策和货币政策，危及整个金融体系的安全，对实体经济造成巨大冲击。对单家机构而言，这些风险很难通过构造投资组合来进行分散。

尽管如此，两者之间也存在本质的区别，主要体现在维度、生成方式、传染性和危害性等几个方面。第一，维度的区别。金融体系系统性风险关注宏观维度，是宏观意义上的系统性风险，强调整个金融体系功能丧失后的风险，是监管机构进行宏观审慎管理的依据。而资本市场中系统性风险关注的是微观维度，是微观意义上的风险，也称为不可分散风险或剩余风险，是个体所面对的市场风险，即证券市场中无法通过分散化投资而加以消除的风险。

第二，生成方式的区别。金融体系系统性风险具有明显的内生性，它也被称为金融系统的不稳定性，体现了金融体系的内在脆弱性，混业经营和金融创新等金融实践、Minsky 的金融不稳定假说、Diamond 和 Dybvig 的银行挤提模型、Kaufman 的信息不对称与逆向选择模型等理论研究，从不同方面揭示了金融体系系统性风险的内生性问题。而资本市场中的"系统性风险"则是外生的，它通常由影响整个资本市场的宏观因素所引起，如经济周期、战争和自然灾害等，而这些风险来源具有明显的外生性。[①]

第三，传染性的区别。金融体系系统性风险的突出特征是传染性，单家金融机构倒闭后的效应，通过金融体系的关联网络传染到其他金融机构和金融市场，形成多米诺骨牌效应，导致诸多金融机构倒闭，甚至出现金融市场崩溃的状况。由于传染效应，个体层面的金融风险演变为金融体系层面的风险。与此同时，信贷、贸易和市场信心等方面的变化，使得实体经济受到较大的影响。而资本市场中"系统性风险"基本没有传染效应，它一般只会使投资主体自身面临困境，而不会影响到其他投资主体。

第四，危害性的区别。金融体系系统性风险具有较强的危害性，其爆发的后果是整个金融体系崩溃，区域甚至全球范围的金融或经济危机发生，实体经济也会受到较大的影响。而资本市场中的"系统性风险"危害相对较小，因市场风险而导致的损失仅仅局限于投资者，投资者甚至可以通过控制资金投入比例等方式来减弱影响，相应危害通常仅限于资本市场，基本不会对整个金融体系的运行产生影响。

2.2 系统性风险的特征

（一）金融体系系统性风险的总体特征

金融危机爆发后，金融体系系统性风险成为国内外学术界和监管部

---

① 以消费为基础的资本资产定价模型（CCAPM）等试图从宏观层面寻找资本市场中系统性风险的根源。

门关注的热点，相关研究使得我们对系统性风险的特征有了更加全面的认识。金融体系系统性风险具有以下几个方面的本质特征：①

（1）宏观性。金融体系系统性风险主要是指宏观意义上的系统性风险，体现的是整个金融体系而不是单家金融机构的风险。张亮等（2013）和章秀（2013）的研究突出了系统性风险的"宏观性"特征，认为金融体系系统性风险造成的是整个金融体系的金融功能丧失而不是单家金融机构的倒闭。

系统性风险一旦威胁到整个金融体系的安全，相关风险体现出一定的宏观性，如果爆发，所有金融机构都难以幸免，一国甚至全球的金融市场都会受到严重冲击，实体经济会遭到巨大破坏。2007—2009年期间的金融危机就是最好的例证。系统性风险一般是由系统性事件所引发的，这些事件包括结构性风险因素、经济周期或是政治方面的突发事件。由此引起的金融危机和社会动荡，具有宏观性的特点。

（2）内生性。绝大多数研究认为，金融体系系统性风险的爆发一般不是由金融市场外不可预见的事件导致的，这类风险通常内生于金融体系网络关联结构的演化。张亮等（2013）认为，系统性风险是经过金融体系内部集聚而逐步形成的风险。刘澜飚（2012）得出的结论是，与系统性风险生成相关的结构性特征因素包括金融体系的内部关联性、同质性、复杂性和金融顺周期性等。

金融体系内部具有一定的关联性和复杂性，整个体系类似于一个复杂的网络。系统性风险是由不同市场参与者在不同市场上的"系统关联性"所导致的，是一种内生于金融体系的风险。金融体系具有顺周

---

① 有关金融体系系统性风险特征的分析，可以参考如下文献：

邓晶，张加发，李红刚. 银行系统性风险研究综述 [J]. 系统科学学报，2013（2）.

盖曦. 基于银行同业拆借市场网络模型的我国商业银行系统性风险传导机制研究 [D]. 合肥：安徽财经大学，2014.

期性的特点，其与实体经济之间的作用与反馈机制加剧了宏观经济的周期性波动。因此，顺周期性使得金融体系和宏观经济的不稳定性急剧增加，金融体系的这些内在结构特征使得内生性风险得以形成。

（3）外部性。经济学中的外部性是指，经济主体的活动对他人和社会造成了非市场化的影响，金融体系统性风险的外部性表现为金融机构的风险溢出效应。尽管单家金融机构会在风险和收益之间进行平衡，对风险进行审慎管理，但其经营管理行为会对其他金融机构和金融体系产生影响。例如，某家银行发生挤兑事件后，很有可能导致附近相关银行业发生类似行为。因此，一般而言，金融机构的经营管理存在一定的负外部性。

邓晶等（2013）对银行系统性风险进行分析后认为，货币市场、资本市场和外汇市场等不同金融市场之间存在某种联动机制，局部市场的动荡会给其他市场带来明显的负外部性。在金融危机爆发后不久，当一家金融机构经营失败或是相关不利消息传出时，投资者或参与人员可能会对金融机构的经营管理甚至整个金融体系失去信心，从而引发市场恐慌，出现银行挤兑或是市场上流动性紧张的情况。单家金融机构经营管理的失败给其他金融机构甚至整个金融体系带来了较为严重的负外部性，而金融体系的崩溃也会对实体经济产生很大的负外部效应。

（4）传染性。多渠道传染是金融体系统性风险的一个突出特征，也是它与其他类型风险最为不同的地方。系统性风险通过支付体系和信用货币体系等渠道得以传播，波及范围较广，破坏力较强。Schwartz（1995）和 Lagunoff（2001）等对银行体系统性风险的传染性进行了分析，认为银行系统性风险与危机传染密切相关。现代经济和金融是由企业、投资者和金融中介等组成的复杂网络，但这种网络的结构具有一定的脆弱性，微小的外部冲击所产生的效应经过复杂关联网络会得到放大。

金融体系系统性风险的传染性不仅体现在金融体系内部各金融机构之间，还体现在金融体系与实体经济之间。一方面，单家金融机构的负面冲击会对其他金融机构产生负面影响，引起市场中其他金融机构的恐慌，"多米诺骨牌效应"使投资者对市场的信心发生动摇，导致负面冲击在整个金融系统中进行扩散。另一方面，由于金融体系与实体经济之间存在相互依托、相互作用和相互促进的关系，金融市场的崩溃会波及实体经济，危机会通过信贷、贸易和市场信心等渠道影响实体经济，使其遭受严重的负面冲击。

（5）潜伏性。金融体系系统性风险有较长的潜伏期。赖娟（2011）认为，系统性风险是经过不断累积而形成的，危机的显现需要一定的时间。对于单家金融机构而言，其他金融机构或市场的风险溢出效应会通过各种渠道在该金融机构上进行累积，到达一定阈值后这家金融机构也可能倒闭。对于整个金融体系而言，系统性风险会随着单家金融机构风险暴露的增加和金融体系网络关联结构的变化而累积，在风险累积到一定程度后才产生系统性失灵。

金融体系系统性风险的全面爆发往往是金融风险累积到一定程度的结果，单家金融机构的倒闭或困境直接导致整个金融体系危机爆发的情况少有发生。历史上金融危机爆发前期往往伴随着信贷和资产价格的高速增长，金融机构共同的风险暴露会导致金融失衡效应不断放大，严重的金融失衡会引起金融和经济的过度繁荣或萧条，进而加剧经济的周期性波动。系统性风险可以在较长时期内不断积累而不对金融体系产生明显影响，但一旦集中爆发，往往会以灾难性的形式表现出来。

（二）我国金融体系系统性风险的特征分析

随着我国金融体系的不断壮大、金融创新的不断发展和金融机构间业务关联程度的不断增加，我国金融体系网络结构越来越复杂，相应的风险特征也由过去以单一机构、单一行业为主的风险逐步演变为跨机构、跨行业的系统性风险。由于不同国家在金融市场结构和金融发展现状等方面存在较大差异，当前我国金融体系的系统性风险与其他国家有着明显的不同。总的来说，我国金融体系系统性风险现阶段呈现出如下几个方面的特点：[①]

（1）我国金融体系系统性风险高度集中在银行体系。我国金融体系为银行主导类型，间接融资占比较大。商业银行以间接融资方式配置金融资源，在资源分配、投资和风险管理等方面起着无法替代的作用。图 2-1 反映的是 2014 年 6 月我国社会融资规模结构。从社会融资规模结构来看，主要以人民币贷款为主，占比达到了 56%；其次是企业债券，占比为 14%。银行贷款仍然是我国社会融资的主要方式。此外，我国银行体系以国有银行为主，商业银行经营管理同质化现象较为严重。投资过于依赖银行信贷供给会导致我国金融结构失衡，商业银行为支持国民经济的发展而导致杠杆性过高。经济周期和经济结构的调整都会在短时期内对商业银行的正常运营造成巨大威胁。尤其是那些区域特征强、地区风险集中度高和抗风险能力弱的中小型商业银行，其资产质量

---

① 有关我国金融体系系统性风险的特征和成因分析，可以参考如下文献：

国务院发展研究中心金融研究所调查报告.当前我国金融体系系统性风险特征及原因分析.2013（117）．　[EB/OL]　[2013-07-05] http：//www. drc. gov. cn/xscg/20130705/182-224-2875478. htm。

瞿强.直面中国金融体系潜在风险 [N].21 世纪经济报道，2013-07-13.

和抵御风险的能力将面临重大考验。

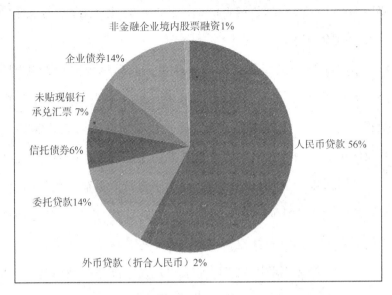

图 2-1　2014 年 6 月我国社会融资规模结构

注：数据来源于 Wind 数据库。

（2）我国金融体系的最大风险暴露集中在地方融资平台公司与房地产市场。近年来，我国地方融资平台公司的发展在一定程度上得到了控制，但地方政府债务规模仍然很大。根据海通证券研究所的统计，截至 2013 年 6 月，我国地方政府负有偿还责任的债务总额为 20.7 万亿元，地方政府负有担保责任的债务总额为 2.9 万亿元，地方政府可能承担一定救助责任的债务总额为 6.6 万亿元，三项之和高达 30.2 万亿元，地方融资平台负债率高，偿债能力不足。① 由于银行信贷是我国地方政府融资平台公司融资的重要方式，这使得银行信贷风险急剧提升，加大了宏观经济运行的风险。此外，房地产贷款和其他以房地产为抵押的贷

---

① 数据来源：http：//money. 163. com/14/0520/20/9SNDCUHR00253B0H. html，http：//economy. caijing. com. cn/2014-05-16/114188520. html。

款在银行信贷总额中所占比例居高不下，而近来房地产市场状况的持续疲弱使房地产企业的利润急速下滑，为我国银行业甚至整个金融体系埋下了巨大的风险隐患。

（3）我国金融市场期限错配现象严重，流动性风险成为我国金融体系面临的重要风险之一。从银行体系看，近年来我国企业短期贷款、票据融资和短期融资券等增长迅速，而企业活期存款增速却明显下降，这说明我国企业普遍存在短期资金被长期占用的现象。随着金融创新的不断演变，影子银行规模日趋壮大，而影子银行大多存在负债期限和资产期限错配的问题。特别是银行理财产品，往往通过短期负债类理财产品匹配长期资产，如政府基建和房地产投资等，这都增加了影子银行的流动性风险和金融体系的脆弱性。一旦出现通胀高企、利率高企或货币紧缩等情况，企业的资金链将十分脆弱，而期限错配将加大流动性风险对金融体系和实体经济的冲击。

（4）我国影子银行发展的特殊性及非规范化问题严重。与其他国家的情形相比，我国影子银行体系呈现出不同的特征。一些国家影子银行金融产品复杂，已经形成了比较完整的证券化产业链和市场，其信用中介机构包括投资银行、对冲基金、货币市场基金和抵押贷款公司等，非银行金融机构在影子银行体系中占据主导地位。而我国的影子银行以银行表外业务创新为代表，具有类似资产证券化的性质，但尚未形成标准的证券化模式，影子银行只是充当银行信贷资产"出表"的渠道。因此，无论是在组成结构、运作模式还是风险特征方面，我国的影子银行都具有特殊性，其运作的不规范及不透明性给金融体系的平稳运行带来巨大的潜在风险。

（5）缺乏针对影子银行的风险隔离机制。近年来，我国影子银行迅猛发展，但相应的监管制度、法律法规体系等并不完善，影子银行与传统金融体系之间并未建立起严格的风险隔离机制。影子银行一旦出现危机就会使风险传导到银行体系甚至整个金融体系内部，从而导致金融体系的系统性风险不断累积。例如，我国银行表内外业务、银行同业业务等都尚未建立起完善的风险隔离机制，如果某家金融机构出现危机，将缺乏有效措施来阻挡金融风险在不同金融机构间的蔓延。我国应当尽快建立和完善相应的法律法规制度，保证风险隔离能够有效实施，防范金融体系系统性风险的爆发。

2.3　系统性风险的成因

关于金融体系系统性风险的成因，不同学者基于不同视角给出的解释存在一定的差异。以 Minsky 和 Kregel 为代表的金融脆弱性学派认为，经济周期和金融安全边界的变化使得金融体系本身存在一定的内在风险；以 Akerlof 和 Diamond 为代表的信息经济学派则从信息不对称和投资者理性行为的视角对系统性风险在金融体系中的传播进行了解释。就当前而言，绝大部分学者认为，金融体系系统性风险从产生到爆发之间存在一个逐渐积聚的过程。英格兰银行（Bank of England，2009）在系统性风险来源的分析报告中，从两个视角探讨了系统性风险的来源：一是时间维度，即宏观冲击随着时间的不断积累引起金融系统失衡的风险，也被称为总体风险；一是横截面维度，即金融体系内各机构的相互关联和共同行为引发的风险，也被称为网络风险。

（一）时间维度的系统性风险

金融体系中的风险随着时间的演变不断积累，到达一定程度后可能导致较大的宏观冲击。Minsky（1992）认为，以商业银行为代表的信用创造机构和相关贷款人的内在特性使得金融体系具有天然的内在不稳定性，因此金融本身就是金融危机产生的一个重要原因。市场机制中会计准则的顺周期性也成为近年来金融失衡的一个重要原因，金融监管放松也为系统性风险的累积增加了人为因素。因此，时间维度的系统性风险来源主要包括金融机构的内在脆弱性、公允会计准则引发的顺周期性和宏观调控政策的失误。

（1）金融机构的内在脆弱性

部分金融产品的高杠杆特性和期限错配特征使得金融机构具有一定的脆弱性。高杠杆比例意味着金融机构在经营管理过程中运用较少的资本金，进行较大资金量的相关交易，高杠杆比例经营也说明融机构处于高负债经营中。如果经营管理富有成效，那么金融机构可能获得数倍的盈利；但一旦出现不利情形，金融机构可能遭受巨额损失。部分金融机构的薪酬制度和委托代理问题也助长了金融机构职业经理人经营高杠杆业务的行为。美国次贷危机发生时，很多金融机构的杠杆率超过了30倍，有的甚至高达60倍。高杠杆特征意味着，哪怕是很小的冲击也会引起单家金融机构的经营困难，相关效应在整个金融体系中迅速扩散，对金融体系产生巨大冲击。

期限错配是指金融机构中风险缓释的期限短于当前风险暴露的期限，一旦金融体系中的期限错配超过了承受极限，就会对整个经济体带来极大的冲击。近年来，受到宏观政策变化、贷款需求结构演变和固定资产投资快速变化等诸多因素的影响，我国银行体系贷款长期化的趋势愈加明显。在利率市场化持续推进过程中，金融创新层出不穷，金融产品不断涌现，投资者投资对象选择较为丰富，这也使得商业银行存款数量在一定程度上减少，存款期限越来越短期化。商业银行这种"短存长贷"现象，使得银行资产负债期限错配容的程度加剧，这很容易导致流动性风险事件的发生。2013 年 6 月我国银行间同业拆借市场上同业拆借利率大幅飙升就是典型的例证。

（2）公允会计准则的顺周期效应

金融稳定理事会（FSB）将顺周期效应定义为，放大金融系统波动幅度并可能引发或加剧金融体系不稳定的一种强化机制。公允会计准则的顺周期性具体体现为，在经济繁荣时期，公允价值会计的运用将导致金融机构确认更多的投资收益和计提较少的贷款减值损失，从而提高其资本充足率，提升信贷和投资能力，使本已过热的经济环境火上浇油；在经济萧条时期，公允价值会计的运用使得金融机构确认大量的投资损失和贷款减值损失，从而降低其资本充足率，降低信贷和投资能力，使本已恶化的经济状况雪上加霜。

部分学者基于公允会计准则顺周期性视角对系统性风险进行分析，讨论的重点集中在公允价值是否会放大金融体系内的系统性风险和如何放大系统性风险。Barth（2004）认为，公允价值的运用加剧了财务报表的波动性，这种波动性包括估计误差波动性、固有波动性和混合计量波动性。欧洲央行在《公允价值会计与金融稳定》的研究报告中指出，扩大公允价值的运用范围将不恰当地加剧银行资产负债表的波动，有可能降低银行应对不利经济环境的能力。Matherat（2008）对公允价值会计在经济繁荣和经济萧条时期对宏观经济波动性的影响进行了分析，呼吁各国中央银行主动作为，协调会计规则、监管要求和风险管理的差异。Wallison（2008）认为，公允价值计量在经济繁荣时会制造资产泡沫，经济萧条时期会导致资产价格非理性下跌，对宏观经济波动产生影响。

Wallison（2008）、李文泓（2009）和黄世忠（2009）等认为，公

允价值计量在经济繁荣时会导致资产泡沫，在经济萧条时期会导致资产价格非理性下跌，这种顺周期效应会对宏观经济波动产生影响。公允价值运用范围的扩大和巴塞尔资本协议Ⅱ的实施加剧了银行信贷政策的顺周期效应。由于巴塞尔资本协议Ⅱ要求银行在经济不景气时计提更多的减值贷款拨备，这会弱化银行的信贷投放能力，使得宏观经济形势进一步恶化。

（3）宏观调控政策的失误

宏观调控是政府通过实施一定的政策对经济运行方式进行调节。在市场经济中，产品和服务的生产及销售完全由市场价格引导。市场经济在带来经济增长效应的同时，也可能引起通货膨胀，严重时还会引发经济停滞甚至经济倒退，这种周期性波动会对社会资源和生产力产生重要影响。因此，各国政府会通过一定的经济手段干预市场的供需关系，对社会经济的运行进行调节以达到预定的经济目标。对社会经济而言，政府宏观调控是一把双刃剑。以 Friedman 为代表的货币学派认为，金融动荡的根源在于货币政策失误，政府在经济上扮演的角色应该被严格限制。货币政策的失误会引起金融风险的产生和积累，致使小范围的金融问题演变为剧烈的金融灾难。

部分学者在对金融体系系统性风险进行分析的过程中，对政府干预经济的行为提出了质疑。寇武江（2005）认为，政府带有行政色彩的调控措施使得一些领域出现"一刀切"的现象，这加剧了资源约束和结构扭曲所导致的经济链条断裂。国际货币基金组织（IMF）（2009）得出的结论是，美国政府长期的低利率政策导致了流动性过剩和房地产泡沫。在金融危机爆发后，各国中央银行迟迟不肯收紧货币政策，这进一步加剧了金融体系的系统性风险。美国政府为了稳定金融市场，实施了一系列的救助措施，包括通过货币政策向市场注入流动性和大规模的不良资产收购计划，这些政策在一定程度上导致了系统性风险的上升。高志勇（2010）的实证研究得出的结论是，美国商业银行系统性风险自 2007 年次贷危机爆发开始一直处于较高的水平，这使得人们开始反思美国金融监管体制的效应。

长期以来，我国的宏观调控以稳定经济增长为目标之一。在我国新一轮的经济上升过程中，投资尤其是固定资产投资增长速度较快，物价水平存在一定的上涨压力，过度依赖投资拉动的经济增长模式加剧了经济结构的不合理性。我国金融体系尤其是银行系统为经济发展提供了较高比例的信贷支持，部分信贷资源流向城市基础设施建设、园区建设、土地储备和房地产等领域，致使部分行业投资过热。为了实现经济转型和经济结构调整，我国对一些产能过剩行业实施了紧缩性政策，许多停建或缓建的大型项目使得银行前期投入逐步演化为不良资产，金融机构最终成为宏观调控的风险承担者，系统性风险逐步累积。

（二）横截面维度的系统性风险

20 世纪 70 年代，美国经济学家罗纳德·麦金农（R. I. Mckinnon）和爱德华·肖（E. S. Show）针对当时发展中国家普遍存在的金融市场不完全、资本市场严重扭曲和政府干预等问题提出了金融自由化理论，其理论包括利率市场化、混业经营、业务范围自由化、金融机构准入自由和资本自由流动等方面的内容。金融自由化对增强金融市场竞争、提高金融市场效率和促进金融业发展等方面发挥了重要作用，金融一体化和金融资本流动加快也增强了各金融机构和金融市场之间的关联程度，为金融体系系统性风险的传递提供了多样化的路径，也为各国实施有效金融监管政策增加了难度。

（1）金融混业经营

金融混业经营是指商业银行、证券公司、保险公司和期货公司等机构的业务互相渗透、相互交叉。随着全球经济和金融一体化和自由化浪潮不断高涨，混业经营逐渐成为国际金融业发展的重要方向。

当前世界各国的金融混业经营模式主要有三类：

①全能银行模式。采用此模式的以德国、瑞士、荷兰和卢森堡等国为代表，这些国家的商业银行可依法从事包括接受存款、发放贷款、交易各种金融工具和外汇、承销债券和股票经纪业务、投资管理和保险服务在内的广泛的一系列金融服务。

②银行母公司模式。采用此模式的主要以英国为代表，这类模式允许商业银行在符合条件的情况下成立子公司，或由其控股公司成立的子公司兼营其他业务。

③金融控股模式。采用该模式的以美国为代表，商业银行不能直接从事投资银行业务，而应以控股公司形式在同一机构框架内通过相互独立的子公司来从事其他金融业务。美国联邦法律规定，银行本身或有直接投资关系的子公司不得经营证券业务，但银行控股公司另设立的子公司则可在限定范围内经营证券业务。

尽管各国的具体经营模式有所不同，但混业经营都会使得系统性风险在不同金融机构间的传染效应得以强化。一方面，金融混业经营使得金融机构的风险同质化。在分业经营模式下，不同金融机构提供的金融业务有着较大的差异，商业银行主要根据事先约定对存款和利息进行支付并提供信贷服务，证券公司则根据金融市场的具体情况履行支付责任，而保险公司则根据合同约定的具体发展状况进行支付，不同金融机构由于支付承诺的不同面临着不同来源的金融风险。在混业经营模式下，金融机构风险的同质化使得金融机构之间的关联程度大幅提升。另一方面，混业经营模式下系统性风险传播的途径更加多样化。金融机构的整合加强了操作风险在不同分支机构间的传染，金融控股集团的跨业经营增加了系统风险的外溢效应，单家机构的经营困境很有可能导致其他市场上的流动性风险出现。

（2）金融创新

"创新"最先出现在美籍奥地利经济学家熊彼特（Joseph Alois Schumpeter）的经济理论之中。金融创新指通过变更现有的金融体制和增加新的金融工具，以获取现有金融体制和金融工具所无法获得的潜在利润的过程，具体体现为金融体制创新和金融工具创新。

金融体制创新是宏观层面的创新，涉及范围宽广，包括早期银行业和证券行业等金融行业的产生、国债市场和同业拆借市场等金融市场的建立、国际性金融组织的创建和相金融制度的颁发等。伴随着金融业体制的创新，各国金融业不断发展壮大，全球金融一体化不断发展。新兴金融行业的产生和金融市场的发展壮大使得金融业的触角延伸到各国经济的每个角落，国际性金融机构组织的创建和相互协调的监管制度建设使得各国金融体系之间的联系更加紧密。因此，金融体制的创新为系统性风险的传播提供了土壤和环境，一旦金融体系中的某一环节出现经营困境，其影响不会只局限在某一区域，而会基于金融体系网络关联结构而迅速传播。

金融工具的创新伴随着金融体制的创新而生。20 世纪 70 年代后期，国际金融市场上金融工具不断推陈出新，已从较单一的存款、现金、债券、股票和商业票据等演变为众多类型。金融工具的创新主要包括以下几种形式：①为套期保值、减少或转移风险而创新的金融工具，如远期利率协议、金融期货与期权合约交易等；②为增加金融资产的流动性、降低融资成本而创新的金融工具，如贷款股权对换交易和股权贷款等；③为扩大产业投资的机会而创新的金融工具，如可转贷和可转债等。金融工具的创新使得金融业内部原有的分工界限逐步模糊，金融机构的业务逐渐走向综合化、一体化，金融业竞争全面激化，金融业改组和兼并的过程大大提速。金融工具的创新促使监管当局放松管制并革新管理方法，各国的货币政策由此面临着新的挑战。

（3）市场主体的非理性行为

20世纪70年代，以小罗伯特·卢卡斯（Robert E. Lucas）和罗伯特·巴罗（Robert J. Barro）为代表的理性预期学派认为，人们在经济活动中会充分利用价格波动等历史信息，在进入市场之前就对金融资产的价格作出一定的预期，进而对以后的经济行为进行指导。在现实生活中，很多经济现象如羊群效应等很难用经济学中的理性行为进行解释，因此基于心理学和社会学的视角考察投资者的非理性行为就显得较为重要。

羊群效应是指人们经常受到多数人的影响，从而产生跟随大众的思想或行为。羊群效应也被称为"从众效应"。经济学中羊群效应是指，市场上存在的那些没有形成自己的预期或没有获得一手信息的经济主体，将根据其他投资者的行为来改变自己的行为。Bikhchandan 等（1992）的理论模型认为，在市场价格波动较大时投资者最有可能跟从市场舆论，此时羊群行为应该最明显。Christie 和 Huang（1995）和 Chang 等（2000）也得出了类似的结论。杨炘（2003）使用上海证券交易所的数据进行实证研究得出的结论是，相对于机构投资者而言，我国个人投资者的羊群效应显著。宋军（2001）和傅亚平（2012）的研究也表明，我国股票市场存在一定的羊群效应，在证券市场下行时羊群效应更为显著。

市场主体的非理性行为加强了各个金融机构和金融市场之间的关联

程度，大大增加了系统性风险传播的速度和强度。一方面，由于羊群效应的存在，一个金融机构或市场出现流动性紧张情况时，其他机构或市场的行为主体会产生恐慌情绪，进而导致金融体系的流动性吃紧。另一方面，投资者的非理性行为放大了金融体系的系统性风险。经济主体的跟随效应会导致资产价格对金融信息的过度反应，投资者情绪效应使得市场价格回归理性的时间滞后，这可能对金融体系造成剧烈冲击。

2.4 系统性风险的传导机制

金融体系中的诸多因素都可能诱发系统性风险，看似微小的风险有可能产生"蝴蝶效应"，对整个金融系统带来巨大危害。Davis 和 Karim（2009）、张晓朴（2010）认为，系统性风险的演变过程会经历积累、爆发和扩散三个阶段。对系统性风险如何从微小冲击演变为大危机的传导机制进行深入研究，对金融体系系统性风险的防范和管理具有重要的意义。

现有研究大多从金融机构资产负债数据关联的视角对金融体系系统性风险的传导机制进行探讨。Lelyveld（2006）使用荷兰银行间同业拆借市场数据构建了银行间风险暴露模型，考察了一家银行倒闭对其他商业银行和整个银行体系的风险传染效应。Gauthier（2012）基于加拿大银行系统内单家银行贷款规模、风险暴露和场外衍生工具交易等数据，分析了单家银行对整个银行体系的系统系风险贡献。温博慧（2009）认为金融体系系统性风险产生的原因最终可归结为资产价格的波动。由于资产证券化在 2008 年金融危机期间饱受诟病，王晓（2012）等从资产证券化时间探讨了系统性风险的成因、积累和传导机制。

系统性风险的传导渠道较为复杂，不同学者分析的维度和关注的重心存在差异，对系统性风险的传导机制的分类也有所不同。本书按照金融机构之间是否发生业务往来，从关联风险与非关联风险两个维度对系统性风险的传导机制进行分析。

（一）关联风险传导

随着现代经济和金融的迅速发展，金融机构之间业务联系日益紧密，这些复杂关联结构为金融业务提供便利的同时，也可能导致系统性在金融体系内的聚集和传播。直接关联风险是指某一机构或市场遭受冲击时，通过与其他机构或市场的直接业务往来对整个金融体系带来危机的风险。

（1）金融同业市场途径

金融同业市场是金融机构之间进行金融产品交易的场所，在我国习惯称之为银行间市场，由同业拆借市场、票据市场、债券市场、外汇市场和黄金市场等构成，参与者是中外资金融机构法人及其授权的分支机构。

金融同业市场是系统性风险传播最为直接的途径，国内外学者基于这一视角对系统性风险在金融机构之间的传播进行了广泛研究。Angelini（1996）在对意大利银行间净额清算系统进行研究后得出的结论是，清算金额较小的意大利银行间净额清算系统发生系统性风险的可能性要低于美国市场。Upper（2004）对德国银行间市场进行了分析，通过模拟单家银行破产带来的影响，发现多数银行在破产时会导致其他银行遭受损失，情况严重时会产生倒闭的连锁反应。盖曦（2013）通过银行间同业拆借市场模拟了我国商业银行系统性风险的扩展过程，结果表明，在金融危机期间系统性风险传染性较强，之后有所降低，但在2012年第一季度之后又呈上升趋势。王海友（2011）对商业银行非利息收入与系统性风险贡献的关系进行了分析，发现我国商业银行其他利息收入与系统性风险贡献具有显著的相关关系。

近年来，随着我国金融市场各项改革和发展政策的稳步推进，我国银行间市场规模不断壮大。截至 2013 年年底，我国银行间市场债券托管余额为 27.7 万亿元，同比增加 10.7%。2013 年，银行间市场拆借、现券和债券回购累计成交 235.3 万亿元，比 2012 年略有回落。银行间市场同业拆借成交 35.5 万亿元，债券回购成交 158.2 万亿元，现券成交 41.6 万亿元。[①] 银行间市场规模的壮大反映了我国金融机构之间通过同业拆借等业务的联系更加紧密，银行之间形成了完全建立在信用的基础上的错综复杂的债权债务关系。在正常时期，流动性富足的银行可以通过银行同业拆借市场向流动性不足的银行提供流动性，银行间的货币余缺得到了有效调节，大大提高了资金的使用效率。在非正常时期，这种关系会放大一家银行的破产效应，极易导致银行体系中的局部风险演变成"多米诺效应"，并快速传染到整个银行体系。

（2）影子银行途径

除金融同业市场外，金融机构之间还可能通过资产证券化的方式发生千丝万缕的业务联系。资产证券化是以特定资产组合或特定现金流为支持，发行可交易证券的一种融资形式。伴随着金融创新的不断发展，证券化产品和交易方式也不断推陈出新，我们将金融机构在常规同业市场外的金融工具和交易活动称为"影子银行"。[②]

---

① 数据来源于全国银行间同业拆借中心。

② 关于影子银行的相关分析，参考如下文献：

肖崎. 金融体系的变革与系统性风险的累积 [J]. 国际金融研究，2010（8）.

刘澜飚，宫跃欣. 影子银行问题研究评述 [J]. 经济学动态，2012（2）.

乔静予. 影子银行体系风险及其传导机制研究——以美国的影子银行体系为例 [D]. 北京：外交学院，2013.

李麟，李华章. 影子银行的发展与监管 [J]. 中国金融，2014（4）.

"影子银行"由美国太平洋投资管理公司的执行董事麦卡利（Paul Mc Culley）于 2007 年提出，泛指"有银行之实却无银行之名的种类繁杂的各类银行之外的机构"（Mc Culley，2007）。国际货币基金组织（IMF）在 2008 年 10 月的全球金融稳定报告（GFSP）中首次使用了准银行体系的概念。2010 年 5 月，美国金融危机调查委员会（FCIC）将影子银行定义为传统商业银行体系之外的类银行金融活动（FCIC，2010）。2011 年 4 月，金融稳定委员会综合考量各方面的因素后从三个层面给出了较为全面的定义：影子银行体系广义上是指由在常规银行体系之外的实体及其活动所组成的一个信贷中介系统（system of credit intermediation）；影子银行体系狭义上是指上述系统中那些具有系统性风险隐患和监管套利隐患的实体及其活动；另外，影子银行体系还包括那些仅为期限转换、流动性转换和杠杆交易提供便利的实体（FSB，2011）。

　　影子银行在其产品设计和信息披露方面上存在不透明性，具有高杠杆操作、期限结构极端错配、过度创新和依赖批发市场融资等特征，因而影子银行体系具有内在的脆弱性，极易导致风险在整个金融体系内扩散。Rosen（2009）认为，以证券化为特征的结构化金融比传统的金融中介链条更为复杂，每一个环节都会出现代理问题和投资者的非理性决策。FSB（2011）总结了影子银行体系的信贷中介链条，资产证券化是其中的核心环节。Singh 和 Aitken（2010）的研究表明，影子银行的再抵押活动进一步推动相关机构从事更高的风险业务。肖崎（2010）认为，影子银行高杠杆和不透明的操作隐藏着巨大的风险，应当强化信息披露制度，在受到监管的场所通过受到监管的结算体系来完成结算。乔静予（2011）对金融风险在影子银行内部的传导、向商业银行的扩散以及对整个金融系统的危害进行了详细分析。

影子银行通过创造各种证券化产品从资本市场进行融资，其资产业务主要是运用所融资金购买按揭抵押贷款协议及其他金融创新产品，通过在市场上出售短期融资工具或对其债务不断进行展期来对资产负债表进行扩张。一旦局部危机爆发，投资者信心丧失和证券化产品崩溃会导致信用链条断裂，影子银行无法继续通过短期融资来维持其"借短放长"的经营模式。在影子银行遭到市场挤兑时，金融机构会通过大量出售金融资产的去杠杆化方式来减少损失。但是，去杠杆化过程本身就会加剧金融资产价格的下跌和财富的缩水，进一步加剧信贷紧缩，使危机传导陷入恶性循环。最终，整个金融体系乃至社会总体流动性出现全面紧缩，但大部分金融机构和不同种类的金融资产同时出现问题时，系统性风险就彻底爆发了。

与商业银行相比，影子银行体系可能蕴含着更大的系统性风险。商业银行主要的资金来源于存款，相对比较稳定。当其出现流动性困难时，中央银行可以提供一定的流动性支持。当前，影子银行不受金融监管机构的监管，没有资本金约束，不需要缴纳准备金。此外，现代金融机构的业务模式更多地依赖于市场，影子银行由于金融创新、杠杆操纵和过度交易等带来的风险可能通过多种渠道转移到其他金融机构和金融市场，进而演变为整个金融体系的系统性风险。

（二）非关联风险传导

历史上爆发的金融危机表明，一旦金融体系内某一机构或市场发生危机，其他金融机构或市场即便与其没有直接业务关联，仍然可能遭受冲击。这里将这种效应称之为非关联性风险传染。在非关联性传染中，银行之间的风险传染来自于信息传染和资产价格传染两个方面。

（1）信息传染途径

美国经济学家 Diamond 和 Dybvig 在 1983 年提出的 DD 模型表明，银行通过存款合约，能够为投资者的提前消费提供流动性保险，但由于存款者流动性要求的不确定性和银行资产较之负债缺乏流动性，银行自身也存在相应的挤兑风险。Caplin 等（1994）认为，即使银行没有出现支付危机或经营困难，但由于储户预期行为的存在，储户之间信息交互行为产生的羊群效应仍有可能导致银行业危机在金融系统中全面发生。

由于信息传染遭受挤兑的金融机构在金融危机中不乏其例。2011年 6 月，韩国大田联合储蓄银行由于资本充足率过低，它与其母公司釜山储蓄银行被同时勒令停业。消息传出后，釜山储蓄银行其他几家分行纷纷出现挤兑风潮，韩国 19 家大型储蓄银行数天内取走 1456 亿韩元。尽管官方一再表态，仍无法缓解民众的担忧情绪和银行体系内的资金紧张。2007 年受美国次贷危机影响全球经济，美国第五大抵押贷款机构诺森罗克银行发生挤兑事件。自 9 月 14～18 号，诺森罗克银行存款流出高达 30 多亿英镑，占全部存款的 12%左右。挤兑事件中，诺森罗克银行电话银行和网上银行业务一度崩溃，银行股价下跌近 70%。即便商业银行并无经营困难，民众的担忧情绪也会引发流动性紧张。

信息途径强调的风险传染不是通过金融机构实际业务联系，而是由投资者的信息不对称所导致的。根据信息经济学派的观点，在信息不对称条件下，单一投资者的理性做法是在银行尚存支付能力时抢先提款。因此，当某家金融机构倒闭时，如果与自己有利益关系的金融机构与倒闭银行相似，投资者根据预期就会提取资金，挤兑事件出现的可能性增加。中小投资者可能缺乏能力和意愿来获得和处理银行的相关信息，他们会采取"跟风策略"。这种"羊群效应"有可能把极小范围的正常提款现象放大为大规模的挤兑行为，从而加速银行系统性风险的传播。随着信息科技的快速发展，金融市场中的恐慌情绪传播极为迅速。在预期行为和信息交互行为的作用下，银行系统性风险不断扩散和强化，使得单家银行困境向外界扩散，最终导致系统性风险的全面发生。

（2）资产价格波动途径

随着对系统性风险传导机制研究的不断深入，部分学者从资产价格波动的视角对系统性风险的产生及传导进行了解释。Danelesson 和 Zigrand（2008）建立了多资产价格均衡模型，发现资产价格波动是引发金融体系系统性风险的重要原因。Korinek（2009）的研究表明，资产价格波动对金融系统性风险有着引发和放大的作用。部分学者还从实证的角度对资产价格变动的风险传导效应进行了分析，Anne（2000）发现股票指数变化与金融体系系统性风险之间存在密切关系，Söhnke（2007）认为在一个有效的资本市场上，可以通过银行股票价格的变化来预测金融体系系统性风险是否发生。

金融市场参与者所持资产的价格波动对系统性风险的传播也有着重要影响，这种风险传导机制是由金融机构资产项目的同质性决定的。当金融市场中不同金融机构投资相同类型的项目或资产时，某家金融机构的倒闭会对投资项目或资产的收益产生负面效应，这会导致其他投资类似项目或资产的金融机构的流动性发生变化，情况严重时可能造成其他金融机构的经营困境。在 1997 年爆发亚洲金融危机中，东南亚国家对于政府担保的项目投资过高，危机爆发后单一市场的流动性困难引起了危机的快速蔓延。因此，即便金融机构没有直接的业务往来，单个金融机构或单一市场的危机也可能通过资产价格的波动效应对其他金融机构和市场产生影响。

2.5　本章小结

本章在对金融体系系统性风险定义进行考察的基础上，对其与资本市场中不可分散的系统性风险之间的区别和联系进行了剖析。结合我国经济金融发展现状和金融体系系统性风险的特点，对我国金融体系系统性风险演变过程中呈现出的一些特征进行分析。在此基础上，对金融体系系统性风险的成因和传导机制进行考察。

欧洲央行将金融体系系统性风险定义为金融体系极度脆弱、金融不稳定大范围发生、危及整个金融体系的正常运行而使经济增长和社会福利遭受巨大损失的风险，这种风险具有宏观性、内生性、外部性、传染性和潜伏性等特征。我国金融体系具有如下特点：高度集中在银行体系、最大风险暴露集中在地方融资平台公司与房地产市场、金融市场期限错配现象和流动风险问题较为严重、"影子银行" 发展的特殊性及非规范化问题严重、缺乏针对 "影子银行" 的风险隔离机制。

3 金融体系系统性风险的宏观审慎管理

  由美国次贷危机引起的全球金融动荡，引起学术界对以资本监管为核心的微观审慎管理政策所产生的监管失灵进行深刻反思。宏观审慎管理在危机后备受推崇，欧美一些国家成立了宏观审慎管理机构，我国政府也提出了构建逆周期金融宏观审慎管理的要求。①

  根据 Clement（2010），"宏观审慎"一词可以追溯至 20 世纪 70 年代后期未发表的文件——Cooke 委员会（巴塞尔银行监管委员会的前身）的会议记录。该会议在讨论向发展中国家提供更多的贷款是否会影响实体经济和金融体系稳定时首次使用了"宏观审慎"的概念。该报告指出："当微观问题开始形成宏观问题时，微观审慎问题就成为了宏观审慎问题。"在之后的 1979 年 10 月，英格兰银行在为国际清算银行准备的材料中研究了如何采取审慎控制贷款，并对比了微观审慎和宏观审慎方法。因此，可以看出，当时的"宏观审慎"概念一般指和宏观经济有关的系统性方面的监管。公开地使用"宏观审慎政策"直到20 世纪 80 年代中期才开始。BIS（1986）将其视为旨在促进"广泛的

---

① 李成，刘生福，高智贤. 宏观审慎理论发展综述与展望 [J]. 经济学动态，2011 (11).

金融体系和支付制度的安全和稳健"的一种政策。[①]

在 2000 年前后，"宏观审慎监管"概念再一次被推动。时任 BIS 总裁 Andrew Crockett 在重要讲话中认为，微观审慎监管和宏观审慎管理的最大差别在于影响经济的方式和实现的目标不同，与实现这些目标所使用的工具无关（Crockett，2000）。微观审慎监管的目标在于降低单家银行倒闭的风险，以保护储户和投资者的利益，而宏观审慎管理的目标在于降低金融危机的成本，着眼点在于金融体系整体。Borio（2003）还提出了宏观审慎管理的两个不同方面：一是风险随着时间的演变（即所谓的"时间维度"），主要通过建立逆周期的资本缓冲机制来进行管理；二是风险在整个金融体系中的分布（即"横截面维度"），关注系统内具有不同风险贡献的金融机构，尤其是系统重要性金融机构。[②]

通过与微观审慎监管进行对比，我们发现宏观审慎监管与微观审慎监管存在三方面的区别。

首先，从监管目标来看，宏观审慎监管主要针对金融体系系统性风险，强调减少金融危机对实体经济的负面影响，而微观审慎监管则侧重于降低单个金融机构破产的风险，强调存款人的利益保护。因此，宏观审慎监管主要从宏观经济层面进行考虑，而微观审慎监管则从金融机构的微观行为方面着手。

其次，从风险特征来看，宏观审慎监管认为风险具有内生性，单个金融机构的风险可以向整个金融体系传导，从而影响整个金融系统的稳定性，带来系统性风险；反过来，金融体系的稳定性又对资产价格和信贷活动等产生影响，从而对单个金融机构产生反馈效应。而微观审慎监管认为单个金融机构规模太小，其行为不足以影响整个金融体系的稳定

---

① 史高平，高宇. 宏观审慎监管理论研究综述［J］. 国际金融研究，2011（8）.

② 王作文. 宏观审慎监管理论与实证分析［D］. 长春：吉林大学. 2011.

性，不会对宏观经济产生负的外部性。

最后，从监管角度来看，宏观审慎监管是自上而下的，它首先设定整个金融体系可接受的极端损失值，在此基础上确定每个金融机构对极端损失的边际贡献。而微观审慎监管则是自下而上的，只要保证单个金融机构稳定，就能确保整个金融机构的稳定。具体对比详见表3-1。

表3-1　　　　　　　　宏观审慎监管与微观审慎监管比较

比较项目	宏观审慎监管	微观审慎监管
直接目标	抑制金融体系的系统性风险	限制单个机构的困境
终极目标	避免与金融不稳定性相关的成本	保护存款者利益
风险特征	内生性：源于金融机构的集体行为和相互作用	外生性：源于单个金融机构，不考虑个体行为的反馈效应
机构间的关联性	重要	不相关
审慎监管的衡量	系统范围风险：自上而下	个体机构风险：自下而上
政策重点	系统重要性；逆周期调控	保护个体机构

资料来源：Borio. 2003. Towards a macroprudential framework for financial supervision and regulation? CESinf Economic Studies, Feb.：181-216.

3.1　巴塞尔协议Ⅲ的基本思想

宏观审慎监管的提出离不开银行监管的实践，而巴塞尔系列资本协议在银行监管实践中有着举足轻重的地位。[①] 由于银行作为信用中介在存款人和投资者之间处于核心环节，因此稳健的银行系统是金融稳定和经济发展的基础，银行业通过为消费者、中小企业、大公司和政府部门

---

① 方意. 中国宏观审慎监管框架研究 [D]. 天津：南开大学，2013：32-33.

提供高效金融服务直接或间接促进了经济的快速增长。巴塞尔协议Ⅲ的目的是为了改善银行的风险管理水平，提升银行信息披露的透明度，减弱顺周期效应带来的冲击，强化对系统重要性银行的监管，提升全球银行体系的稳健性，防范银行体系风险蔓延到金融市场或实体经济领域。

许多国家的银行体系在金融危机期间表现得较为脆弱，表内外杠杆率较高是一个重要原因，单家银行追求风险分散的努力导致系统性风险不断累积，资本质量不断受到侵蚀，期限错配导致流动性储备严重不足。当危机时期来临时，资产快速贬值，而金融机构却无法进行对冲交易，也无法应对影子银行体系积累的风险，金融机构间业务的关联性和顺周期性使得金融危机进一步恶化。伴随着金融危机的演化，金融市场对银行体系的清偿能力和流动性信心崩塌，导致金融体系流动性危机爆发，流动性严重短缺，信贷供给全面收缩，进而对宏观经济产生冲击。

在经济全球化的背景下，金融危机对欧美等发达国家的经济造成了巨大冲击。金融危机迅速蔓延到其他国家，造成全球流动性短缺、跨境信贷供给不足和出口严重萎缩，进而演变成波及全球的经济危机。因此，所有国家都应提高金融体系尤其是银行体系应对内部和外部冲击的能力，加强国际间的交流合作，防范金融危机的爆发和传染。为解决本轮金融危机暴露出的一系列问题，巴塞尔委员对金融监管体系进行了一系列改革。这些改革既强调微观审慎监管，提高单家银行应对内部和外部冲击的能力，也强调宏观审慎监管，从时间和横截面两个维度加强对金融系统性风险的管理。

（一）巴塞尔协议Ⅲ出台的背景

2007年以来由美国次贷危机引发的国际金融危机爆发后，全球对金融监管效率等问题进行了深刻反思，大家取得的一致共识是，金融体系的顺周期性、资产价格的波动幅度过大、较高的杠杆率和对系统性风险防范措施不足等是导致危机爆发的主要原因。以巴塞尔协议Ⅱ为核心的监管体系在危机期间暴露出了诸多问题，对资产价格波动的缓冲能力不强，资本吸收损失能力低下，表外业务及证券化产品的资本拨备覆盖不足，核心资本受到侵蚀且数量不足以吸收潜在损失。在金融危机期间，金融机构面临流动性困境，金融创新和金融全球化使得危机迅速蔓延，导致系统性风险爆发，基于单个金融机构的微观审慎监管政策无法维护金融体系的稳定。[①] 这使得巴塞尔委员会重新审视基于巴塞尔协议Ⅱ的监管框架，制定了有关资本和流动性监管改革的方案，引入宏观审慎监管的维度，于2010年12月颁布了巴塞尔协议Ⅲ。

（二）巴塞尔协议Ⅲ的主要内容

不同于巴塞尔协议Ⅱ的微观审慎监管框架，巴塞尔协议Ⅲ对危机中暴露出的系统性风险管理缺位进行了修正，特别强调防范系统性风险和缓解顺周期效应。根据根据巴塞尔委员会的解释，巴塞尔协议Ⅲ是巴塞尔委员会就现行银行监管国际规则提出的一系列改革措施，委员会希望通过改革来达到三方面的目的：提高银行业应对外部和内部冲击的能力、改进银行业风险管理水平、加强银行业信息披露以增强透明度。

由于改革是由巴塞尔委员会发布的一系列国际银行业监管新标准和新文件所构成，因此这一系列文件就组成了巴塞尔协议Ⅲ的主要内容。根据巴塞尔委员会官方网站上的信息，对相关文件进行整理，如表3-2

---

① 根据巴塞尔协议Ⅱ的监管要求，已倒闭的雷曼兄弟看似非常安全，其在2008年年中的一级资本充足率高达11%，但在金融危机期间却迅速破产。美林和苏格兰皇家银行的情况与此类似。

所示。

表 3-2　　　　　　　　　　巴塞尔协议 Ⅲ 的构成

颁布时间	文件名称
2011-01-27	银行监管新框架 (*The New Framework for Banking Supervision*)
2011-01-18	巴塞尔协议 Ⅲ 及以后 (*Basel Ⅲ and beyond*)
2010-12-20	对中央交易方银行暴露的资本要求（征求意见稿） (*Capitalisation of Bank Exposures to Central Counterparties – consulative Document*)
2010-12-17	评估实施更高资本和流动性要求的宏观经济影响的最终报告 (*Final Report on the Assessment of the Macroecnomic Impact of the Transition to Stronger Capital and Liquidity Requirements*)
2010-12-16	巴塞尔协议 Ⅲ：稳定银行业的全球监管框架 (*Basel Ⅲ：A Global Regulatory Framework for More Resilient Bank and Banking Systems*)
	巴塞尔协议 Ⅲ：流动性计量、标准和监测的国际框架 (*Basel Ⅲ：International Framework for Liquidity Risk Measurement, Standards and Monitoring*)
	逆周期资本缓冲储备实施指引 (*Guidance for National Authorities Operating the Countercyclical Capital Buffer*)
	对实施影响的综合数量分析 (*Results of the Comprehensive Quantitative Impact Study*)
2010-11-25	巴塞尔协议 Ⅲ 在拉丁美洲和加勒比海地区的影响 (*Why Basel Ⅲ Matters for Latin American and Caribbean Financial Markets*)
	巴塞尔协议 Ⅲ 资本框架：一个决定性突破 (*The Basel Ⅲ Capital Framework：A Decisive Breakthrough*)
2010-10-09	巴塞尔协议 Ⅲ 与金融稳定 (*Basel Ⅲ and Financial Stability*)
2010-10-26	对最低资本监管要求和资本缓冲的校正 (*Calibrating Regulatory Minimum Capital Requirements and Capital Buffers：a Top-down Approach*)
2010-10-19	宏观审慎政策：这次能够不一样吗？ (*Macroprudential Policy：Could it Have Been Different This Time?*)
	巴塞尔委员会对危机的反应：向 G20 的报告 (*The Basel Committee's Reponse to the Financial Crisis：Report to the G20*)

表3 2(续)

颁布时间	文件名称
2010-10-04	金融改革：改进报告 (*Financial Reform: A Progress Report*)
2010-09-28	实施宏观审慎的挑战：谁来决策？ (*The Challenge of Taking Macroprudential Decisions: Who Will Press Which Buttons?*)
2010-09-22	监管新蓝图 (*A New Regulartory Landscape*)
2010-09-21	巴塞尔协议Ⅲ：迈向更稳健的金融体系 (*Basel Ⅲ: Towards Safer Financial System*)
2010-09-12	央行行长和监管首脑宣布实施更高的资本监管标准 (*Group of Governors and Heads of Supervision Announces Higher Global Minium Capital Standards*)
2010-09-03	银行监管框架的重大改进 (*Fundamentally Strengthening the Regulatory Framework for Banks*)
	强化金融体系：成本与收益比较 (*Strengthening the Financial System: Comparing Costs and Benefits*)
2010-08-19	巴塞尔委员会关于确保资本损失吸收能力的建议 (*Basel Committee Proposal to Ensure the Loss Absorbency of Regulatory Capital at the Point of Non-viability*)
2010-08-18	评估实施更高资本和流动性要求的宏观经济影响 (*Assessment of the Macroecnomic Impact of the Transition to Stronger Capital and Liquidity Requirements*)
2010-07-26	央行行长和监管首脑就巴塞尔委员会实施资本和流动性监管的改革达成一致 (*The Group of Governors and Heads of Supervision Reach Broad Agreement on Basel Commitee Capital and Liquidity Reform Package*)
2010-07-16	逆周期资本缓冲筹备建议（征求意见稿） (*Countercyclical Capital Buffer Proposal-consultative Document*)
2010-07-18	巴塞尔委员会对巴塞尔协议Ⅱ市场风险框架的修订 (*Adjustments to the Basel Ⅱ Market Risk Framework Announced by the Basel Committee*)
2010-07-11	巴塞尔委员会与监管改革 (*The Basel Commitee and Regulatory Reform*)
2010-05-03	巴塞尔协议Ⅱ及对资本要求的修订 (*Basel Ⅱ and Revisions to the Capital Requirements Directive*)

表3-2（续）

颁布时间	文件名称
2009-12-17	流动性计量、标准和监测的国际框架（征求意见稿） （*International Feamework for Liquidity Risk Measurement，Standards and Monitoring-consultative*）
	增强银行业抗风险能力（征求意见稿） （*Strengthening the Resilience of the Banking Sector-consultative Docment*）
2009-09-07	对金融危机的总体态度 （*Comprehensive response to the global banking crisis*）
2009-07-13	巴塞尔委员会公布改进后的资本框架 （*Basel Ⅱ Capital Framework Enhancements Announced by the Basel Commitee*）

资料来源：巴塞尔委员会官方网站。

表3-2将巴塞尔协议Ⅲ的主要内容划分为五个方面：

（1）整体监管框架方面，主要包括《巴塞尔协议Ⅲ：稳健银行业的全球监管框架》《巴塞尔协议Ⅲ：流动性计量、标准和监测的国际框架》《新资本协议框架完善建议》和《增强银行业抗风险能力（征求意见稿）》等一系列文件。

（2）流动性监管方面，主要包括《巴塞尔协议Ⅲ：流动性计量、标准和监测的国际框架》和《流动性计量、标准和监测的国际框架（征求意见稿）》两个文件。

（3）整体资本框架及其他方面，主要涵盖市场风险、逆周期资本缓冲计提、提高资本质量与提升资本水平等。主要包括《巴塞尔委员对巴塞尔协议Ⅱ市场风险框架的修订》《对中央交易方银行暴露的资本要求（征求意见稿）》《逆周期资本缓冲储备实施指引》《对最低资本监管要求和资本缓冲的校正》和《巴塞尔委员会关于确保资本损失吸收能力的建议》等一系列文件。

（4）宏观审慎监管方面。主要包括《宏观审慎政策：这次能够不一样吗？》《实施宏观审慎的挑战：谁来决策？》《银行监管框架的重大改进》等一系列文件。

（5）新资本监管要求和流动性要求的效果评估方面，用于评估实施新标准对银行业影响的数量分析以及对宏观经济的影响等。主要包括《巴塞尔协议Ⅲ与金融稳定》《对实施影响的综合数量分析》《评估实施更高资本和流动性要求的宏观经济影响》《评估实施更高资本和流动性要求的宏观经济影响的最终报告》《强化金融体系：成本与收益比较》等一系列文件。

上述五个方面的核心是整体资本框架和流动性监管，目标是建立一个完整的监管框架，而新资本监管要求和流动性要求的效果评估则为监管框架的实施提供实证支撑。需要指出的是，巴塞尔协议Ⅲ特别强调宏观审慎监管和微观审慎监管的结合，从而实现了审慎监管逻辑上的统一。

（三）巴塞尔协议Ⅲ的主要改进与评价

相对于巴塞尔协议Ⅱ的不足之处，巴塞尔协议Ⅲ在以下五个方面进行了改进。

（1）严格资本要求，提升普通股比例，优化资本构成

根据《巴塞尔协议Ⅲ：稳健银行业的全球监管框架》，提高资本质量和简化资本构成主要包括以下三个方面：突出普通股（含留存收益）在吸收损失能力方面的主要作用，提升普通股在一级资本工具的比例，严格规范其他一级资本工具构成，简化二级资本工具并取消三级资本以增强各类资本工具的应对内部和外部冲击的能力，确保资本的质量。表3-3和表3-4对巴塞尔协议Ⅱ和Ⅲ进行了对比分析。

表 3-3 巴塞尔协议资本定义的变化

	巴塞尔协议 II	巴塞尔协议 III
一级资本	实收资本/普通股、股本溢价、留存收益、盈余公积	普通股（占比由 50%上升到 75%）、股本溢价、留存收益、其他持续经营下的资本
	少数股东权益、创新资本工具（不超过 15%）	不计入一级资本
二级资本	一般准备、混合资本工具、次级债	简化二级资本，只有一套二级资本的合格标准，其他将被取消
三级资本	市场风险暴露、极端情况适用	取消

资料来源：德勤（Deloitte）解读 Basel III 国际金融监管体系改革新动向》，2011。

表 3-4 巴塞尔协议资本变化要求

与风险加权资产的百分比	资本要求							额外资本要求	
	普通股			一级资本		总资本		逆周期缓冲资本	对系统重要性银行额外损失吸收能力
	最低要求	资本留存超额资本	总资本要求	最低要求	总资本要求	最低要求	总资本要求		
巴塞尔协议 II	2%			4%		8%			
巴塞尔协议 III	4.5%	2.5%	7%	6%	8.5%	8%	10.5%	0~2.5%	对系统重要性银行计提超额资本

资料来源：德勤（Deloitte）. 解读 Basel III 国际金融监管体系改革新动向》，2011。

（2）扩大风险覆盖范围

次贷危机暴露出巴塞尔协议 II 框架的问题，资本无法完全覆盖表内外风险和衍生交易的相关风险。巴塞尔委员会在总结时发现：对交易账户和复杂衍生品等交易对手的信用风险资本要求不足，对交易对手信用风险计量方面存在缺陷，过度依赖外部评级。为此，需要从三个方面进行改革：提高交易对手信用风险资本要求；强化计量方法的有效性检验，加强交易对手信用风险管理；减少对外部评级的依赖，降低"悬崖效应"的影响。具体内容如表 3-5 所示。

表 3-5   巴塞尔协议Ⅲ扩大风险覆盖范围的具体内容

风险覆盖	具体措施	实施时间
资产证券化风险暴露	提高"再证券化风险暴露"的风险权重，减少 Basel Ⅱ 对外部评级的依赖，降低与风险缓释相关的"悬崖效应"	2010 年年底
交易账户资本要求	制定阻止在银行账户和交易账户之间进行监管套利的相关措施 资本要求同时覆盖正常情况下的在险价值和压力情形下的在险价值 对于交易业务新增风险提出明确的资本要求，包括违约风险和信用转移风险	2010 年年底
交易对手信用风险	审慎计量有效预期正敞口（Effective EPE） 计量覆盖资本信用固执调整（CVA）导致的损失 将大型金融机构的资产相关系数（AVC）提高 25% 提高双边结算衍生品交易的资本要求 建立合格的重要交易对手标准 提高交易对手信用风险管理要求	2012 年年底

资料来源：德勤（Deloitte）. 解读 Basel Ⅲ 国际金融监管体系改革新动向，2011。

（3）建立资本留存和逆周期缓冲资本

提高资本质量和增加资本对风险的覆盖范围有助于银行潜在损失吸收能力的提升和金融系统稳定性的加强，但由于巴塞尔协议Ⅱ存在较为严重的顺周期效应，巴塞尔委员会提出资本预留缓冲和逆周期资本缓冲等改革措施，以进一步加强金融系统的稳定性。从实践来看，建立资本预留缓冲的有效做法是，要求银行在正常时期维持比最低资本要求更高的预留资本，在压力时期使用预留资本来吸收损失，从而保证压力时期资本符合最低监管要求。此外，巴塞尔委员还要求银行根据监管当局的规定建立逆周期资本缓冲。当经济处于上行时期，信贷增长速度过快，金融系统的系统性风险不断累积，监管当局可以要求银行增加 0% ~ 2.5% 的逆周期缓冲资本，以限制信贷的过快增长和经济过热；反之，当经济处于下行阶段，监管当局可以取消逆周期缓冲资本政策，提高银行的信贷能力，刺激经济复苏。巴塞尔委员会给出了资本预留缓冲和逆周期缓冲资本的比率，如表 3-6 和 3-7 所示。

表 3-6 单家银行最低资本留存缓冲标准

一级普通股比例 （Common Equity Tier Ratio）	最低资本储备比例 （Minium Capital Conservation Ratios）
4.5%～5.125%	100%
>5.125%～5.75%	80%
>5.75%～6.375%	60%
>6.375%～7.0%	40%
>7.0%	0%

资料来源：BCBS. 2010. 巴塞尔协议Ⅲ：稳定银行业的全球监管框架（*Basel Ⅲ：A global regulatory framework for more resilient bank and banking systems*）.

表 3-7 单家银行最低逆周期资本缓冲标准

一级普通股比例 （Common Equity Tier Ratio）	最低资本储备比例 （Minium Capital Conservation Ratios）
在第一分位数的资本留存超额资本内 With first quartile of buffer	100%
在中位数的资本留存超额资本内 With second quartile of buffer	80%
在第三位数的资本留存超额资本内 With third quartile of buffer	60%
在最大值的资本留存超额资本内 Withfourth quartile of buffer	40%
在超过最大值的资本留存超额资本内 Above top of buffer	0%

资料来源：BCBS. 2010. 巴塞尔协议Ⅲ：稳定银行业的全球监管框架（*Basel Ⅲ：A global regulatory framework for more resilient bank and banking systems*）.

（4）引入杠杆率监管

新进金融危机的一个显著特征是，频繁的金融创新和宽松的市场环境导致期限严重错配，而商业银行的资本充足率又较高。因此，以资本充足率为核心的监管政策的有效性受到怀疑。随着金融危机的不断演化，银行在流动性压力下被迫去杠杆化，这又导致了资产价格的螺旋式下降。为此，巴塞尔委员会引入了简单、透明、统一、基于规模而与具体资产风险无关的杠杆率作为资本监管的补充。在杠杆率的计算中，分子包括普通股资本和其他一级基本，分母为风险暴露。

根据巴塞尔委员会的建议，银行应将杠杆率保持在3%以内，相应过渡期安排为：自2011年年初起，监管当局开始按照3%的标准观察杠杆率的变化，充分关注对于不同会计准则和会计实践造成的监管套利。因为会计准则不同，所采取的核算方法不同，得到的风险暴露值和杠杆率也不同。与监管观察期相对应的是，将2013年起到2017年1月作为安排金融机构过渡期。在此期间，银行要按照规范的会计准则计算自身的杠杆率并持有相应的资本，在2015年开始披露杠杆率及其计算过程。根据过渡期完成后的实际状况，委员会将在2017年上半年完成对杠杆率定义和校正的最后调整，从2018年开始正式纳入最低资本要求。[①]

（5）流动性风险监管

随着金融全球化、信息化和融资方式多样化的不断发展，流动性风险呈现出波及范围广、传播速度快和破坏力强等特点，这为流动性风险的监管带来了重大挑战。巴塞尔委员会在2010年4月正式颁布了《流动性风险测量的国际框架和监测》，引入了流动覆盖率（Liquidity Coverage Ratio，简称LCR）和净稳定融资比例（Net Stable Funding Ratio，简称为NSFR）。指标的具体情况如表3-8所示。

表3-8　　　　　　　　　　Basel Ⅲ中的流动性监管指标

	流动性覆盖率	净稳定融资比例
计算公式	优质的流动性资产储备/未来30天的资金流出量	可用的稳定资金/业务所需的稳定资金

---

① 巴塞尔委员会.增强银行业抗风险能力（征求意见稿）.2009.

表3-8(续)

	流动性覆盖率	净稳定融资比例
最低要求	100%	100%
监管目标	强化短期流动性风险的监控	强化中长期流动性风险的监控，调整期限错配及稳定的资金来源
分析角度	现金流量表	资产负债表
作用	保证银行的短期流动性	促进银行使用更长期的结构性资金来源以支持资产负债表内、表外风险暴露和资本市场业务活动

资料来源：巴曙松，朱元倩. 巴塞尔协议Ⅲ研究 ［M］. 中国金融出版社，中国：北京，2011。

巴塞尔协议Ⅲ是对巴塞尔协议Ⅱ中监管体系进行深刻反思和各方博弈的结果。随着金融活动的日益全球化和多元化，不仅金融机构之间的联系越来越紧密，整个金融体系也呈现出一体化特征，金融机构的风险溢出效应增强，风险传染速度加快。由于系统性风险呈现出横截面和时间两个维度的特征，微观审慎监管基于"自下而上"的维度来维护单个金融机构稳健性的做法，已经难以有效应对顺周期和跨市场的系统性风险，必须与"自上而下"的宏观审慎管理有机结合，才能对金融体系系统性风险进行有效管理。[①]

不同于以往的监管体系，巴塞尔协议Ⅲ一方面继续强化微观审慎监管基础，如增加资本数量、提升资本质量和加强资本监管等，另一方面则引入宏观审慎监管，通过建立资本预留缓冲、逆周期资本缓冲、系统重要性金融机构资本附加等政策，来强化金融机构应对内部和外部冲击的能力，从而化解微观审慎监管无法处理的"共同谬误"（Fallacy of Composition）问题。[②]

---

① 方意. 中国宏观审慎监管框架研究 ［D］. 天津：南开大学，2013：42-43.
② "共同谬误"是指在一个系统中每个部分都达到最优，但总体并不是最优的。

3.2 《商业银行资本管理办法》

2012 年 6 月 8 日经国务院批准，中国银监会颁布了《商业银行资本管理办法（试行）》（以下简称"资本管理办法"），明确规定自 2013 年 1 月 1 日起正式实施。资本管理办法要求商业银行在 2019 年 1 月 1 日前达到监管指标的具体要求，期限与巴塞尔协议Ⅲ基本一致，同时鼓励符合条件的商业银行提前达标。①

（一）《商业银行资本管理办法》产生的背景

为加强商业银行资本充足率的监管、促进商业银行的稳健运营，中国银监会早在 2004 年就发布了《商业银行资本充足率管理办法》。该办法参考了巴塞尔协议Ⅱ的监管框架并提出了严格资本监管和信息披露的要求，是《商业银行资本管理办法》出台前资本监管最为重要的监管政策。中国银监会随后又通过一系列的文件来加强对商业银行资本的监管。② 随着这一系列办法的实施，我国商业银行的资本充足率有了明显提高，资本约束机制不断健全。到 2011 年年底，我国商业银行加权平均资本充足率达到 12.7%，核心资本充足率达到 10.2%，已经全部达

---

① 《商业银行资本管理办法》要求各类银行自 2013 年 1 月 1 日开始实施新标准，系统重要性银行和非系统重要性银行原则上应分别于 2013 年底和 2016 年底前达标，给予了 2 年和 5 年的过渡期；对于个别有困难的银行，经银监会批准，可适当推迟达标时间，但系统重要性银行不得晚于 2015 年底，非系统重要性银行不得晚于 2018 年底。

② 中国银监会 2005 年相继出台了《商业银行市场风险管理指引》和《商业银行个人理财业务风险管理指引》，2006 年出台《商业银行资本充足率管理办法》（修正版），2007 年出台《商业银行操作风险管理指引》。

到《商业银行资本充足率管理办法》规定的要求。较好的资本实力为我国商业银行抵御本轮金融危机的冲击奠定了坚实基础，确保了国内银行体系的稳健运行。这些成果的取得同我国资本监管技术的不断进步、监管手段的不断成熟和资本质量不断提高等有着密切的关系，它们也为新资本监管标准的实施奠定了基础。[1] 作为巴塞尔委员会成员国和金融稳定理事会成员国，我国也需要履行巴塞尔委员会关于银行稳定的承诺。为了在更高水平上实现国际标准与国内资本监管制度的接轨，中国银监会适时颁布了《商业银行资本管理办法》。

（二）《商业银行资本管理办法》主要内容

《商业银行资本管理办法》借鉴国际资本监管最新框架，在广泛吸收业界、学术界和相关部委意见的基础上，建立了与国际新监管标准接轨、适度前瞻、符合我国银行业实际的资本监管制度。其主要内容包括：建立统一配套的资本充足率监管体系，严格明确了资本定义，扩大资本覆盖风险范围，强调科学分类和差异监管，合理安排资本充足率达标过渡期。[2]

《商业银行资本管理办法》采用了分层结构，包括正文和 17 个附件，正文包括 10 章 180 条。正文总体上符合巴塞尔 III 的资本监管框架，突出总体性、原则性和制度性要求，除总则和附则外，其余八章内容分别是资本充足率计算和监管要求、资本定义、各类风险加权资产计算、商业银行内部资本充足评估程序、资本充足率监督检查内容和监管措施以及信息披露等。附件包括支持正文的具体技术性要求，包括风险暴露分类、信用风险内部评级法的监管要求、市场风险内部模型法监管要

---

① 李永华. 中国商业银行全面风险管理问题研究 ［D］. 武汉：武汉大学，2013：37-40.
② 中国银监会有关负责人就《商业银行资本管理办法（试行）》答记者问，http://www.cbrc.gov.cn/index.html。

求、操作风险高级计量法监管要求，以及其他风险的资本计量方法，如专业贷款、交易对手信用风险和资产证券化风险暴露等。①

《商业银行资本管理办法》对资本的定义借鉴了巴塞尔Ⅲ对资本的有关定义并进行了调整。从资本组成上来看，也是将资本划分为两个类型，如表3-9所示。

表3-9　　　　《商业银行资本管理办法》关于资本的定义

资本类型	细分的资本类型	资本构成		备注
一级资本	核心一级资本	普通股		资产负债表单独列示为权益披露的发行且实缴资本，收益分配权平等、等比吸收损失、破产最后受偿等
		资本公积		
		一般风险准备		
		未分配利润		
		附属公司核心一级资本中用于满足一级资本最低要求和储备资本要求的部分少数股东资本		
	其他一级资本	其他一级资本工具及溢价		发行且实缴、有减记转股条款、次级债受偿、无到期日、无关联方购买等
		附属公司一级资本中用于满足一级资本最低要求和储备资本要求的部分少数股东资本		
二级资本		一级资本工具及溢价		发行且实缴、一般债权人后受偿、原始期5年以上、有赎回期限、有减记转股条款、非破产不清偿、仅可分配项目用于分红派息、无关联方购买等
		超额贷款损失准备	信用风险权重法：不超过信用风险加权资产1.25%的超额贷款损失准备	
			信用风险内部评级法：不超过信用风险加权资产0.6%的超额贷款损失准备	
		附属公司总资本中用于满足总资本最低要求和储备资本要求的部分扣除计入一级资本少数股东资本		

资料来源：《商业银行资本管理办法》第三章和《附件01：资本工具合格标准》。

与之前的资本监管要求不同，《商业银行资本管理办法》参考了巴

---

① http://www.cbrc.gov.cn/index.html.

塞尔协议Ⅲ关于资本的要求，将监管资本划分为五个层次：最低资本要求、资本留存缓冲、逆周期资本缓冲、系统重要性银行的附加资本及第二支柱资本要求。要求资本留存缓冲和逆周期资本缓冲于2013年《商业银行资本管理办法》实施时逐步引入，2018年达标，对于最低资本和系统重要性银行的附加资本则要求实施时就要达标，具体分析如表3-10所示。

表3-10　　《商业银行资本管理办法》资本充足率要求及时间表

	最低资本	留存资本	总资本	逆周期资本	附加资本	第二支柱资本要求
核心一级资本	5%		7.5%		国内系统重要性银行1%，全球系统重要性银行参照巴塞尔协议Ⅲ	银监会根据风险判定对部分资产组合提出特定要求
一级资本	6%	2.5%	8.5%	0%~2.5%		
总资本	8%		10.5%			
时间	2013.1.1	2013年年底—2018年年底			2013.1.1	

资料来源：《商业银行资本管理办法》第二章。

（三）商业银行资本管理办法主要改进与评价

相对于原有资本监管办法而言，《商业银行资本管理办法》在如下几个方面进行了改进：

（1）资本充足率监管从两个层次转变为四个层次。原有的监管制度仅要求核心资本充足率不低于4%，总资本充足率不低于8%。[①] 资本管理办法将资本充足率监管要求分为四个层次：第一层次为最低资本要求，核心一级资本充足率为5%、一级资本充足率为6%、总资本充足率为8%；第二层次为储备资本要求和逆周期资本要求，包括2.5%的资本留存要求和0%~2.5%的逆周期资本要求；第三层次为系统重要性银行1%的附加资本要求；第四层次为针对特殊资产组合的特别资本要

[①] 中国银监会.商业银行资本充足率管理办法（修正）.2006.

求和针对单家银行的特定资本要求。这种变化既确保了资本对我国银行面临的系统性风险和特定风险进行覆盖，也增强了资本监管的灵活性和审慎性。①

（2）监管资本构成从重视资本数量转变为重视资本质量与数量并重。通过对各类资本工具的合格标准进行重新定义、调整资本扣除项目和少数股东资本的计入规则、对国内商业银行已发行且不合格的资本工具给予了 10 年过渡期、取消核心一级资本占总资本的比例（不低于 75%）的监管要求等，既提高了债务资本工具的吸收损失能力，也缓解了对商业银行资本充足率的影响。②

（3）资本覆盖风险范围从两大风险扩大为以三大风险为主、其他如流动性风险为辅的所有风险。在原资本监管框架下，监管资本仅覆盖市场风险、信用风险，而《商业银行资本管理办法》鉴于国内银行操作风险事件发生频率较高以及管理基础较为薄弱的现实状况，进一步将操作风险纳入了资本监管框架，并明确规定在第二支柱框架下监管部门可以根据单家银行操作风险事件发生概率和损失情况，相应提高操作风险资本要求。②

（4）资本计量方法从简单的权重法转变为高级计量方法。资本新规参照国际要求，对商业银行采用的高级计量方法设定了一系列定性和定量要求，包括数据基础、评级体系、计量模型的设计、风险参数估计、返回检验、压力测试、模型运用、IT 系统以及模型风险治理等，以确保资本计量的审慎性，并防止银行运用风险计量模型实施资本套利。允许商业银行采用多种评估测量方法，也对商业银行采用高级计量方法的申请和核准程序作了进一步明确。

---

① 李杜. 2012 年金融市场评论［J］. 中国金融, 2013（3）.

② 中国银监会. 商业银行资本管理办法（试行）. 2012.

（5）各类资产的风险权重从简单扣除和计量调整为多层次计量。针对大多数银行而言，其在短期内无法利用内部评级对其风险资本进行评估。为了避免这种比较简单的风险权重法的潜在问题，资本新规对各类资产的风险权重体系进行了调整。①

资本管理办法也对商业银行内部的资本评估程序进行了全面的规范和界定，主要体现在以下几个方面：一是界定了董事会、高管层和相关部门在风险治理和资本管理中的责任；二是明确了商业银行各类主要风险的评估标准和核心要求，确保风险评估的充分性；三是要求商业银行制定中长期资本规划，资本规划应基于风险评估的结果，并考虑业务发展战略、风险偏好以及可能面临的重大不利情形，确保资本充足使得银行经受住严重危机的考验；四是监测和报告要求，银行应建立强大的管理信息系统，所生成的信息应能够支持风险计量与评估、捕捉风险变化、监控资本规划实施并为风险决策提供依据。②

因此，《商业银行资本管理办法》结合了我国金融机构的现实情况，借鉴巴塞尔 I 以资本充足率为核心的资本监管框架，参考巴塞尔 II 的风险计算方法和三大支柱体系，再结合巴塞尔 III 最新的资本标准和对个体风险及系统性风险的要求，它是对各个方面进行统筹后大力推进的一个管理办法，兼具三个监管办法的一些特点，建立了"资本与风险两位一体"的监管体系，也被称为"中国版的巴塞尔 III"。资本新规既强调全方位、多层次的全面风险监管理念，也强调公司治理在金融机构防控方面的作用，还注重外部监管机构监督检查和信息披露等的影响。尽管受制于我国不发达的金融市场，《商业银行资本管理办法》尚未达到巴塞尔协议 III 的所有要求，但其出台标志着我国金融监管水平的大幅

---

① 李永华.中国商业银行全面风险管理问题研究［D］.武汉：武汉大学，2013：45-47.

② 巴曙松，朱元倩.巴塞尔协议 III 研究［M］.北京：中国金融出版社，2011.

提升。在我国处在加快金融业改革开放、完善调控、优化布局、鼓励创新、建设多层次金融市场体系的金融大环境下，资本新规的推出对于确保我国金融体系的稳定、促进银行系统的健康发展和走向国际都有很强的意义，也会对我国商业银行的经营管理带来深远的影响。

3.3 监管改革对我国商业银行的影响

（一）巴塞尔协议Ⅲ对我国商业银行的影响

从 2004 年开始，中国银监会引入巴塞尔资本协议Ⅱ的框架体系并逐步完善，建立了较为全面和系统的、以资本充足率监管为核心的银行监管体系。新近国际金融危机爆发后，监管部门逐步提高了我国商业银行的资本充足率要求。在此过程中，我国商业银行的风险控制和资本充足率状况明显得到改善。

从短期来看巴塞尔协议Ⅲ对我国银行业的影响不会太大，但新资本协议的实施对我国监管当局的监管思路会产生一定的影响。按照巴塞尔协议Ⅲ的要求，中国银监会制定了更为严格的资本新规，主要涉及资本要求、杠杆率、拨备率和流动性要求四个方面，如表 3-11 所示。

表 3-11 系统重要性银行资本监管指标对比

指标体系	具体指标	Basei Ⅲ	我国监管要求	达标时间	
				Basel Ⅲ	我国监管要求
资本充足率	总资本	8%	10%	2019 年前	2013 年年底—2018 年年底
	一级资本	6%	8%	2013.1.1—2015.1.1	2013.1.1
	核心资本	4.5%	6%		
	资本留存缓冲	2.5%	0%~4%	2016.1.1—2019.1.1	2013 年年底—2018 年年底
	逆周期资本缓冲	0%~2.5%	0%~2.5%	2016.1.1—2019.1.1	
	系统重要银行资本附加	1%	1%	2013—2018 年间逐步实施	2013.1.1
拨备率	拨备/信贷余额	无	2.5%	2013—2018 年间逐步实施	2013.1.1
	拨备覆盖率	无	150%		已实施（动态调整）
杠杆率	核心资本/未加权总资产	3%	4%	2013—2018 年间逐步实施	2013.1.1
流动性	流动性覆盖率	无	100%	2015 年实施	2012.1.1
	净稳定融资比例	无	100%	2018 年实施	

资料来源：梅良勇，刘勇. Basel 协议Ⅲ资本监管改革及其影响分析［J］.金融理论与实践，2010（12）.

部分内容为作者根据相关材料整理得到。

从长期来看，如果我国银行监管要求随着新协议的实施而明显提高，那么银行业将面临资本的补充压力。据保守估计，我国银行业资本充足率在未来五年内需要增加 2%左右，增加部分大多用于补充核心资本充足率。随着对非核心一级资本、二级基本工具和扣减项的调整，我国银行业补充资本的压力将进一步增加。① 此外，协议的实施将导致银行规模和信贷规模扩张节奏放缓，严格的资本计提要求和杠杆率要求将大大抑制商业银行的信贷扩张冲动。巴塞尔协议Ⅲ规定的资本留存缓冲

---

① 巴塞尔协议Ⅲ规定，对不符合巴塞尔Ⅲ的二级资本工具从 2013 年开始的 10 年内逐年减计 10%，这将缩小我国各家银行的资本数额、降低资本充足率。与此同时，巴塞尔协议扣减项需要对普通股的所有者权益进行除权，且扣减项适用的范畴更广泛。因此，这将导致总资本充足率和一级资本充足率较当前水平有一定程度的降低。

和逆周期资本缓冲将侵蚀商业银行的未分配利润，银行被迫持有大量流动性高的资产，这可能削弱商业银行的盈利能力。新协议还可能导致中国银行业杠杆率的进一步下降、资本补充压力上升和系统性风险防范能力的增强，银行总资产收益率和资本收益率也都有下降的压力，银行信贷融资占全社会融资的比重有可能缓慢下降，银行监管难度将有所增加。

（二）《商业银行资本管理办法》对我国商业银行的影响

由于《商业银行资本管理办法》较以往的监管体系有很大变化，突出表现在对资本充足率和风险全面覆盖的一些新要求，对原有资本定义和计算方式也进行了调整，这会对我国商业银行的筹资活动、经营活动、投资活动和风险管理政策诸多方面产生较大的影响。

从短期来看，由于金融危机时期监管部门提高了资本充足率的要求，资本新规对总资本充足率等的达标安排了较长的过渡期，因此对商业银行影响不会太大，但商业银行面临的发展环境日趋复杂。上市商业银行资本充足率和核心资本充足率具体情况如表3-12所示。

表3-12　　　　上市商业银行资本充足率和核心资本充足率　　　（单位 %）

时间 银行	2011年 年末	2012年 年末	2013年 年末	2014年 一季度	2014年 二季度
工行	13.17/10.07	13.66/10.62	13.12/10.57	13.22/10.88	13.67/11.36
中行	12.97/10.07	13.63/10.54	12.46/9.69	12.05/9.58	11.78/9.36
农行	11.94/9.50	12.61/9.67	11.86/9.25	11.879.48	11.89/8.65
建行	13.68/10.97	14.32/11.32	13.34/10.75	13.50/11.11	13.89/11.21
交行	12.44/9.27	14.07/11.24	12.08/9.76	12.19/10.04	12.75/10.70
招商	11.53/8.22	12.14/8.49	11.14/9.27	10.90/9.09	10.89/8.73

表3-12(续)

时间／银行	2011年年末	2012年年末	2013年年末	2014年一季度	2014年二季度
中信	12.27/9.91	13.44/9.89	11.24/8.78	11.09/8.89	10.98/8.71
浦发	12.70/9.20	12.45/8.97	10.97/8.58	10.96/8.61	10.83/8.58
华夏	11.68/8.72	10.85/8.18	9.88/8.03	9.93/8.17	9.95/8.20
兴业	11.04/8.20	12.06/9.29	10.83/8.68	11.06/9.01	12.18/9.35
光大	10.57/7.89	10.99/8.00	10.57/9.11	10.21/9.09	10.89/8.97
民生	10.86/7.87	10.75/8.13	10.69/8.72	11.03/8.50	11.05/8.76
平安	11.51/8.46	11.37/8.59	9.90/8.56	10.79/8.70	11.02/8.73
北京	12.06/9.59	12.90/10.90	10.94/8.81	--/--	10.38/8.48
南京	14.96/11.76	14.98/12.13	12.90/10.10	11.27/9.03	10.97/8.78
宁波	15.36/12.17	15.65/11.49	12.06/9.36	11.04/8.81	11.47/9.30

资料来源：作者根据上市商业银行年报和2014年季报进行整理。"--"表示未披露。

从长期来看，由于《商业银行资本管理办法》对资本定义、计算方式、减扣项目等进行了调整，原有的资本充足率面临下滑，银行业面临着补充资本的压力。刘士余（2013）等认为：如果5家大型商业银行保持现有的增长水平和内源融资比例，2014年将首次出现资本缺口405亿元，2017年资本缺口累计将达到1.66万亿元。如果利润在现有水平上下降30%，则资本缺口在2014年达3836亿元，在2017年累计达2.82万亿元。[1] 此外，如果未来1~2年内利率市场化完成，商业银行的融资成本面临着极大的不确定性，这会对商业银行筹资活动、经营活动、投资活动和风险管理政策等诸多方面产生较大的影响。[2]

（1）《商业银行资本管理办法》将影响银行的融资方式。资本新规对核心一级资本非常重视，对一级资本进行监管是资本监管的核心，这

---

① 数据来源：http://www.eeo.com.cn/2013/0506/243676.shtml。

② 周小川2014年两会答记者问。

对商业银行的资本结构提出了较高要求。较为充裕的一级资本意味着商业银行有着较强的损失吸收能力，但也提高了商业银行的经营成本。增加一级资本主要有增资扩股和内源融资两种方式。在增资扩股方面，受制于经济转型、房地产调控和外围经济环境不佳等诸多负面因素的影响，股票市场处于相对低迷的状态，股票发行不管是 IPO 还是增发都可能受到一定的限制，商业银行业作为股票市场市场上的权重股也可能产生较大的认购压力。因此，商业银行将来在资本市场上的融资方式有可能会向优先股和定向增发转变。在内源融资方面，尽管近年来我国商业银行利润增长率快速增长，但相伴的是银行业粗放式增长，从长期来看很难持续。

（2）《商业银行资本管理办法》将影响银行的经营活动。目前我国银行业的主要利润来源依然是存贷息差，中间业务和表外业务收入占比较低，较为单一的业务增长模式将来会因为风险积累而导致较大的资本金缺口，银行竞争力也难以提升。一旦商业银行利润出现下降，其资本的补充就很难得到保障，也很难通过其他渠道融得。因此，在我国金融市场进一步深化改革、金融创新不断发展的大环境下，商业银行出于经营管理压力不得不努力寻求新的经营模式，积极拓展表外业务，增加中间业务收入占比，在不增加资本或较低消耗资本的情况下优先发展相关业务。此外，商业银行应大力发展零售业务，减小贷款集中度，从业务流程的各个方面防范风险，以多样化的业务模式来寻求最低资本消耗进而提升竞争力，探索可持续发展模式。

（3）《商业银行资本管理办法》将影响商业银行的风险管理政策。从资本新规和巴塞尔协议Ⅲ的要求可以看出，每一家商业银行未来的发展都需要构建完善的风险管理架构和全面的风险管理体系。从市场风险、信用风险、操作风险和流动性风险等维度，高度重视各个类型风险的预警、计量和覆盖。在激烈的市场竞争中和严格的监管要求下，商业银行需要严格遵守风险管理要求，完善每一个流程的监管，真正落实全流程风险管理。从被动监管模式到主动进行风险管理模式的转变，商业银行需要落实全面风险管理体系，完善风险管理流程。

3.4　宏观审慎管理的主要工具

（一）顺周期效应

顺周期是指系统在经济运行过程中，存在的某种正向反馈的相互强化机制。金融稳定理事会和巴塞尔委员会等将顺周期性定义为"金融体系与实体经济之间在时间维度上的一种正向反馈机制，这种正向反馈机制能够加速金融体系的不稳定，从而加剧经济周期波动，甚至有可能导致经济不稳定。这种反馈机制在经济衰退或者金融体系面临压力时表现得尤其明显和具有破坏性"。①

早在 1933 年，Fisher（1933）在信贷周期领域的开创性研究就拉开了金融经济周期理论分析的序幕，其基于信息不对称假设来研究金融经济周期的方法被众多学者所借鉴和使用。Guttentag 和 Herring（1984）提出了灾难近视假说，在对未来不利事件缺乏充分认识时，银行决策者会采取信贷扩张政策，而在不利事件发生后，他们又倾向于大幅度削减贷款。Rajan（1994）以羊群效应来分析银行信贷的顺周期性。Bemanke 等（1996）提出了金融加速器效应，使得金融经济周期理论取得了突

---

① Borio C, Furfine C, Lowe P. Pocyciality of the financial system and financial stability：issues and policy options, In Marrying the macro - prudential and micro -prudential dimensions of financial stability [D]. BIS Papers, 2001（1）：1-57.

破性进展，之后的一系列研究奠定了金融经济周期的理论基础，顺周期效应也从此进入研究人员的关注视野。[①] Bemanke 等认为，由于代理成本的存在，当不利冲击使得信贷市场代理成本发生变动时，市场信用环境恶化，经济体系发生危机并产生扩散效应。Kiyotaki 和 Moore（1997）指出，资产价格取决于信贷约束程度，资产价格与信贷约束之间相互影响导致货币冲击得以持续、放大和蔓延，从而形成金融经济周期的重要传导机制。

在很长一段时间内，商业银行顺周期效应研究与信贷周期理论分析是融合在一起的，而对历次金融危机爆发根源的探讨则是推动信贷周期和经济周期理论深入发展的重要动因之一。Demyanyk 和 Hemer（2007）实证分析了美国自 2001 年以来次贷市场的周期性后，得出的结论是，正是因为次贷市场爆炸性的、不可持续的增长模式，才导致了其自身的崩溃和次贷危机的发生。他们的研究还发现，次贷危机的爆发与巴塞尔协议 II 的实施具有时间上的高度一致性，正是由于信贷市场的顺周期性和监管的顺周期性才导致了次贷危机迅速演变为全球性的金融危机。自此之后，有关巴塞尔资本协议 II 的顺周期性问题成为政策制定者、学术界和金融从业人士广泛关注和讨论的对象。

次贷危机为银行顺周期性理论带来的是理论上的创新，诸多人士对巴塞尔资本协议 II 监管顺周期性问题进行了深入分析，发现巴塞尔资本协议下的资本监管存在严重的顺周期性，内部评级法加剧了顺周期性，而风险度量和会计计量的精度问题以及系统性风险监管缺失使得顺周期性产生了更为严重的后果。商业银行内部评级周期、信贷周期和经济周期三者叠加在一起。

---

① Bernanke B, Mark G, Simon G. The financial accelerator in a quantitative business cycle frame-work [D]. NBER Working, 1996 (6445).

（1）巴塞尔资本协议Ⅱ中的资本监管导致了顺周期性。导致商业银行经营管理过程中的顺周期性的原因主要有两个方面：一是由于银行资本的顺周期性演变，在经济繁荣时期企业财务状况表现良好，客户信用评级较高，损失准备较少，银行利润较高，交易活跃造成中间业务拓展较快，这在在一定程度上增加了银行的盈利水平。在经济上行阶段，市场上的流动性充足，银行的融资成本较低，而在经济下行阶段，由于银行资产负债表恶化，较高的风险逐渐暴露出来，经济流动性短缺，银行资本补充能力下降，筹资成本增加。二是由于银行信贷行为的顺周期性。由于信贷双方信息不对称，在经济繁荣时期，企业的财务状况较好，还款能力较强，银行信贷会过度扩张。当经济下行时，企业的财务状况较差，违约风险较高，代理成本上升，银行信贷规模大幅收缩。①

（2）巴塞尔资本协议Ⅱ中的内部评级法加剧了银行的顺周期性。巴塞尔资本协议Ⅱ中商业银行信用风险管理的内部评级法具有顺周期性，内部评级法较强的风险敏感性是顺周期性产生的本质原因。② 内部评级法基于商业自身开放的基础法或者高级法来对信用风险潜在损失进行分析，风险计算对评级较为敏感，对资本充足率的计算影响较大，这在一定程度上加剧了资本监管的顺周期性。在经济繁荣时期，信贷主体经营状况良好，抵押品价值较高，银行对违约概率、违约损失率等参数的估计值较小，借款方的内部评级较高，银行信贷所需要的资本较少，银行信贷资源更丰富，信贷规模进一步放大。③

（3）风险度量和会计计量所产生的金融加速器。风险度量结果不

① Hyung-Kwon Jeong. The pro-cyclicality of bank lending and its funding structure: the case of Korea. 2009.

② Michael B, Bradley H. Procyclicality in Basel Ⅱ: can we treat the disease without killing the patient? [J]. Journal of Financial Intermediation, 2004.

③ Philip Lowe. Credit measurement and pro-cyclicality [D]. BIS Working Papers, 2002 (116).

仅会对银行信贷决策产生影响，也会对监管资本产生较大的影响。传统风险度量方法的适用性存在一定的局限，风险计量结果偏误较大。在经济周期上行阶段，基于历史数据的风险度量方法很有可能低估风险，而在经济下行时期则有可能高估风险，这在某种程度上放大了银行信贷行为的顺周期效应。现行会计准则引入了"公允价值"，商业银行内部评级对于时点评级法过于青睐，这些都会对银行资产负债表和利润表产生较大的顺周期效应，加剧经济周期波动。次贷危机发生后，基于 VaR 的风险计量方法无法与"一致性、可测性和稳健性"的监管适用性相容的问题受到了诸多学者的关注。

（4）顺周期性与系统性风险的监管。次贷危机使得金融体系系统性风险的管理受到高度重视。在危机爆发之前，不论是中央银行还是监管机构，对金融体系不断积累的系统性风险都没有给予足够的重视。在巴塞尔协议 II 的监管体系中，监管部门试图基于单家银行的资本监管要求来强化金融机构应对内外部冲击的能力，但对基于宏观层面的金融体系系统性风险有所忽视。各国中央银行在盯住通货膨胀以保证经济稳定发展的货币政策目标指引下，将通货膨胀和经济增长视为政策目标，这也在一定程度上放松了对金融体系系统性风险的监管。尽管基于单家银行的微观视角也可构建一些机制来缓解顺周期效应，但顺周期效应问题的化解更多地依赖于金融体系的视角。银行资本和信贷本身的顺周期性难以从根本上消除，尤其是在新型金融加速器存在的情况下。[①] 因此，将宏观审慎监管与微观审慎监管结合起来，才能较好地解决与顺周期效应相关的问题。

---

① Tobias A，Shin S. The changing nature of financial intermediation and the financial crisis of 2007-2009，2009.

（二）宏观审慎监管的主要措施

制定完善的宏观审慎监管政策是金融危机之后金融监管改革的核心任务之一，"宏观审慎"被赋予了明确内涵。巴塞尔委员会认为，"政策工具的明确目标是促进整个金融体系而不是其中某一金融机构的稳定性"。[①] 周小川（2011）详细分析了宏观审慎政策框架的形成背景、内在逻辑和主要内容，认为宏观审慎政策的主要内容包括对银行的资本要求、流动性要求、杠杆率要求、拨备规则，以及对系统重要性机构的特别要求、会计标准、衍生品交易集中清算等。[②] 钟震（2012）从时间维度和横截面维度系统地梳理了宏观审慎监管工具：前者是指逆周期监管政策工具，主要包括逆周期资本缓冲、留存资本缓冲、杠杆率、按预期损失计提拨备、保证金和折扣比率等；后者是指系统重要性机构、市场和产品监管政策工具，主要包括系统重要性金融机构监管政策框架，降低单家金融机构风险敞口，强化对场外衍生品的监管以及相机抉择等。[③] 宏观审慎监管的关键是在判断系统性风险来源的基础上选择合适工具来防范系统性风险，保持金融系统的稳定。[④]

1. 时间维度的逆周期监管工具

从历次金融危机来看，金融体系的风险形成于信贷扩张时期，释放于信贷紧缩时期，因而具有随时间变动的特征。由于顺周期特点，金融机构倾向于在经济繁荣时期扩张信用，而在经济下行时惜贷。当所有金

---

① Clement R. The term "macroprudential origins and evolution" [R]. BIS Quarterly Review, 2010 (3).

② 周小川. 金融政策对金融危机的响应——宏观审慎政策框架的形成背景、内在逻辑和主要内容 [J]. 金融研究, 2011 (1).

③ 钟震. 宏观审慎监管相关研究综述 [J]. 经济理论与经济管理, 2012 (7).

④ Turner P. Macroprudential policies in EMEs: theory and practice [R]. BIS Papers, 2011 (62).

融机构都采用相同策略时，整个金融体系的风险就被放大了。宏观审慎监管的主要目的是，在信贷扩张时采取措施防止风险过度积累，避免经济下行时风险突然释放。从时间维度看，宏观审慎监管的关键就是通过逆周期监管工具的运用，抑制金融体系的顺周期特征。[①] 根据顺周期效应产生的根源，具体可以选择的监管工具主要包括以下几个类型：

（1）逆周期资本缓冲工具。由于以资本充足率监管为核心的巴塞尔协议Ⅱ存在顺周期效应，巴塞尔协议Ⅲ用资本留存缓冲和逆周期资本缓冲要求来进行缓解。其基本原理是，在经济上行时提高银行监管资本要求，要求银行提取超额资本金，降低信贷冲动，缓冲经济下行时资本金大幅提升带来的不利影响；在经济下行时，降低资本金的计提要求，使得银行不至于过度收缩信贷。在具体运用过程中，巴塞尔协议Ⅲ给予各国监管当局一定的灵活性（0%~2.5%）。各国考虑 GDP 增长率、信贷增速和资产价格波动幅度等宏观经济指标中的一种或几种来确定最佳的缓冲资本要求。[②]

（2）流动性监管工具。由于在经济上行时期市场资金充裕、流动性充足、融资较为便利，金融机构有着强烈的动机通过期限错配等手段来获取收益。而在经济下行时期，市场上流动性不足，金融机构没有能力也没有动力通过期限错配等手段获得资金，这会加剧流动性短缺程度。[③] 为此，监管当局可以要求银行在经济繁荣时期保持一定的流动

---

① Borio C. Towards a macro-prudential frameworkfor finaneial supervision and regulation? ［R］. BIS Working Paper, 2003（128）.

② Borio, Shim. What can macro-prudential policy do to support monetary policy? ［R］. BIS Working Paper, 2007（242）.

③ Hanson S, Kashyap A, Stein J. A macro-prudential Approach to Financial Regulation ［J］. The Journal of Economic Perspectives, 2010.

性，限制期限错配的程度；而在经济下行时期降低流动性监管要求。①
在具体实施过程中，监管当局可以参考逆周期缓冲资本的监管要求，通过存贷比、存款准备金率、外汇贷款限制和外汇准备金、外汇敞口限额、币种错配限额等工具来确定金融机构流动性覆盖比率和净稳定资金比率。

（3）杠杆率工具。金融机构在经济上行时期具有过度杠杆化的动机和行为，而在下行时期过度去杠杆化又会放大信贷紧缩带来的效应。此外，杠杆率指标计算简单，不具备风险敏感性。② 因此，通过逆周期动态调整杠杆率要求能很好地缓解其周期性特征。

（4）动态拨备工具。与逆周期资本缓冲工具相同，在经济上行时期提高拨备计提，既能抑制银行放贷动机，也可以吸收经济下行时可能出现的信用损失。反之，在经济下行时期，适当减少拨备要求，允许释放经济上行时期计提的拨备来进行冲销，鼓励银行信贷，这可以减少对经济的影响。由于动态拨备水平的确定是基于未来损失预期，有悖于目前会计准则的基本原则，其计提准备方面存在的主观性可能会导致会计操纵等事件的发生，因此启动动态拨备的时机选择要谨慎，否则会导致与预期相反的结果。③

（5）逆周期抵押物价值比率工具。这主要是指在经济上行期，降低贷款对抵押物价值的最高比率，抑制因抵押物价值上升而导致的信贷扩张；在经济下行时提高该类比例，弱化信贷收缩程度。具体包括贷款

---

① Brunnermeier M, Crockett A, Goodhart C, Hellwig M, Persaud A, Shin H. The fundamental principles offinancial regulation ［R］. Geneva Reports on the World Economy 11 （Preliminary Conference Draft）, 2009.

② FSB, IMF, BIS. Macro-prudential policy tools and frameworks-Update to G20 Finance Ministers and Central Bank Governors, 2011.

③ 徐明东，肖宏. 动态拨备规则的西班牙经验及其在中国实施的可行性分析 ［J］，财经科学，2010 （10）.

价值比率、贷款收入比率和债务收入比率的动态运用。

（6）其他工具。利率工具主要针对具有较强周期性质的特定贷款，采取依据时间变化的差别利率，使得在经济上升时期，提高利率，抑制需求。经济下行时期，降低利率，减少该类贷款的过度收缩。差别风险权重工具是对顺周期性较为明显的贷款运用逆周期风险权重，例如房地产贷款、消费信贷和外汇贷款等。在经济上行时期和信贷扩张时期，对非存款类负债的来源进行征税等。①

2. 横截面维度的系统重要性监管工具

新近金融危机的爆发除了突出风险的时变特征外，也让我们体会到金融机构间传染效应带来的危害，如何对传染过程中的关键金融机构进行有效识别并加以监管就成为一个非常重要的现实问题。② 金融机构之间的风险传播途径一般有两个：一是资产负债表渠道，不同金融机构之间的直接业务往来导致资产负债表内外项目相互关联，一旦某家金融机构出现问题将会对另外一方产生直接影响。另外一个是金融市场渠道，金融机构之间虽没有直接的业务往来，但会因为持有相同资产、相同负债或拥有相同中间业务对手而间接关联，一旦一方出现问题就会通过金融市场对另外一方产生影响。在极端情况下，金融机构之间还会因为预期作用而强化相互之间的影响，放大风险传播的速度和强度。③ 一般而言，这两种渠道是交织在一起的。由于不同金融机构对系统性风险的贡献存在差异性，因此横截面维度宏观审慎监管的主要任务是有效识别系统重要性金融机构。

（1）对系统重要性机构进行监管的工具。对系统重要性机构进行

---

① 刘泽云. 巴塞尔协议Ⅲ、宏观审慎监管与政府财政角色安排 [D]. 财政部财政科学研究所, 2011.

② BIS. The Basel Committee's Response to the Financial Criss, Report to the G20, 2010.

③ 文洪武. 金融宏观与微观审慎监管协调机制研究 [D]. 天津：天津财经大学，2012：87-98.

监管的目的在于，减少其与其他金融机构之间的关联性，提高其抵抗风险的能力，降低其破产的概率。在降低破产概率方面，前述逆周期监管工具都可以运用到系统重要性机构上，例如附加资本要求、附加流动性要求和附加杠杆率要求等等。[①] 也可以通过差别存款准备金和定向公开市场操等方式来防范金融系统性风险，在降低关联性方面可以使用限制业务范围或隔离业务等方法。Kay（2009）认为，应将核心支付业务和自营交易与银行其他业务相隔离，这有利于限制银行业务的风险传染性，降低金融机构之间的关联性。[②] 美国通过的《多德—弗兰克法案》对银行自营交易进行了限制，这有助于系统性风险的防范。

（2）对系统重要性金融工具的监管。一些金融工具的创新增加了金融机构之间的关联性，使得金融网络结构更加复杂，因此有必要对其实施严格的监管并对从事该工具交易的相关机构实施更高的资本附加要求。可以根据成交量、与杠杆率之间的联系和关联性等构建一个系统重要性工具清单，对这些工具实行注册登记、交易所交易和中央结算制度，以降低这些工具的风险传染性。在资产方面，可以有针对性地通过提高相关资产的风险权重，增加资本要求，提高持有成本，抑制持有该类资产的动机，降低关联性。[③] 在负债方面，可以提高非存款类负债比例高或资产负债比例高的机构的资本要求和流动性要求，或者要求存款保险。此外，由于一些金融工具本身结构异常复杂，它们增加了金融机构间的关联度和金融体系系统性风险。[④] 因此，金融机构之间业务同质化程度越高，关联性就越高，系统性风险爆发的可能性越大，应鼓励金

---

① 王力伟. 宏观审慎监管研究的最新进展：从理论基础到政策工具 [J]. 国际金融研究，2010 (11).

② Kay J. Narrow banking: the reform of banking regulation [R]. CSFI Papers, 2009 (9).

③ Goodhart C, Persaud A. How to Avoid the Next Crash [N]. Financial Times, 2008 (1).

④ 麦强盛. 基于宏观审慎监管的银行业系统性风险研究 [D]. 广州：暨南大学，2011：64-70.

融机构进行差异化发展，降低交易的关联程度。

（三）宏观审慎监管面临的问题

历次金融危机爆发前都伴随着信贷大幅扩张和资产价格大幅上升，资产价格、内部评级和风险权重的顺周期波动往往交织在一起。巴塞尔资本协议Ⅲ提出了逆周期资本监管的框架，试图减弱顺周期带来的影响，但在具体实践中存在一些问题。首先，锚定指标的选择存在困难。尽管巴塞尔委员会和 BIS 建议使用信贷/GDP 作为逆周期缓冲资本的核心挂钩变量，根据其对长期趋势的偏离幅度（GAP）来确定是否计提逆周期缓冲资本，但由于各国经济金融结构不同，信贷/GDP 指标的普遍适用性受到质疑。其次，经济周期难以准确预测，这使得逆周期资本缓冲的积累和释放时机选择存在一定的困难，而恰当的时机选择对逆周期操作而言至关重要。

1. 锚定指标选择难以统一

巴塞尔委员会于 2010 年 12 月公布的《各国实行逆周期资本缓冲指引》确定了各国监管当局实行逆周期资本缓冲的实施原则，建议将信贷/GDP 作为逆周期缓冲资本的核心挂钩变量，根据其对长期趋势的偏离幅度（GAP）来确定是否计提逆周期缓冲资本。诸多学者对这一能否作为锚定指标的问题进行了讨论，得出的结论存在较大的差异。Mathias 等（2011）对 63 个国家 46 次危机进行研究后得出的结论是，信贷/GDP 缺口是缓冲资本积累阶段的最佳先行指标，公司债券信用价差是释放阶段最佳同步指标。① 这与巴塞尔委员会的结论相似。持有类

① Mathias D，Borio C，Tsatsaronis K. Anchoring countercyclical capital buffers：the role ofcredit aggregates ［J］. International Journal of Central Banking，2011（7）：189-240.

似观点的还有李文泓和罗猛（2011）、陈雨露和马勇（2012）等。但也有学者认为信贷/GDP 缺口并不是合适的逆周期缓冲资本调整指标。[①]

Repullo 和 Saurina（2011）认为，这一指标在预测经济周期方面并不像 GDP 增长率那样准确，机械地运用这一指标将进一步放大银行资本监管的顺周期效应。在此基础上，他们构建了基于 GDP 增长率的逆周期缓冲资本计提理论框架。[②] Drehmann（2011）认为，资产价格是缓冲资本可能的调整指标，该指标在缓冲资本积累阶段有较好的表现，但在释放阶段的表现要差一些。Rochelle 等（2011）从数据来源的角度分析了信贷/GDP 的不可靠性。由于指标数据存在很大程度的外部修正，对缺口值的错误估计将带来巨大的经济成本。例如，在利率适度提高时，依据这一指标计提的逆周期缓冲资本将导致贷款规模出现较大幅度的下降。

选择逆周期缓冲资本调整指标的标准在于能否识别金融体系的好坏时期。[③] Kashyap 和 Stein（2004）、Repullo 和 Suarez（2009）认为，金融体系较为糟糕的时期也是银行遭受巨大损失、面临较大信贷压力的时期。很多研究使用银行业危机时期来替代金融体系较为糟糕的时期。朱波和卢露（2013）通过信号提取法研究了我国合适逆周期缓冲资本调整指标问题，结果发现：GDP 缺口和贷款损失准备金率分别是我国逆周期缓冲资本积累阶段和释放阶段较为合适的调整指标，而巴塞尔协议Ⅲ所建议的信贷/GDP 缺口在整个阶段未能对缓冲资本的调整发出及时

---

① 陈雨露，马勇. 中国逆周期资本缓冲的"挂钩变量"选择：一个实证评估 [J]. 教学与研究, 2012（12）. 他们在研究中引入广义信贷/GDP 和社会融资总量/GDP 作为逆周期操作的锚定指标。

② Repullo et al. The countercyclical capital buffer of Basel Ⅲ: a critical assessment [R]. CEP Discussion Paper, 2011.

③ Repullo R, Suarez J. The pro-cyclical effects of bank capital regulation [J]. Review of Financial Studies, 2013, 26（2）: 452-490.

可靠的信号。无论是在积累阶段还是释放阶段，逆周期缓冲资本政策的制定都不能过于依赖单一调整指标发出的信号，稳妥的政策决策还需关注其他维度的信息。由于我国还没有发生过金融危机，因此无法基于金融危机时期来研究调整指标的选择问题。[①]

2. 逆周期资本缓冲释放的时机选择存在困难

逆周期缓冲资本的设计目的是保护银行免受信贷过度投放而导致的系统脆弱性的影响，在不损害银行系统清偿能力的前提下保障信贷供给，防止经济下行时信贷过度紧缩。它是一种自上而下的宏观审慎监管机制，为整个银行体系设置了一个资本缓冲乘数。资本缓冲乘数的设定既无需考虑银行之间的差异性，也不涉及银行微观层面的风险结构，因而可以降低措施的实施成本，并较为有效地防止监管资本套利。

从逆周期缓冲资本的运作机制看，在信贷扩张期，监管部门要求银行计提逆周期缓冲资本，提高银行业整体的监管资本要求，以控制信贷规模及金融系统性风险的积累；而在经济下行时，监管部门通过评估金融体系系统性风险的积累情况，以确认其是否会影响信贷流动并对实体经济和银行系统造成损失，在需要时指示银行释放逆周期缓冲资本以弥补贷款损失，降低资本要求，防止银行信贷紧缩造成实体经济状况的进一步恶化。如果释放逆周期缓冲资本仍无法弥补损失，银行再使用留存资本缓冲对损失进行抵补。但是，巴塞尔协议Ⅲ却未对如何把握逆周期缓冲资本的释放时机进行说明。

---

① 朱波，卢露. 中国逆周期缓冲资本调整指标研究——基于金融体系脆弱时期的实证分析 [J]. 国际金融研究，2013（10）.

3.5　宏观审慎政策与货币政策和财政政策的协调配合

针对本次危机中货币政策和财政政策表现出的低效和无力，许多国家开始构建满足自身要求的宏观审慎框架，以期抑制金融失衡带来的冲击，实现金融系统的稳定，降低系统风险对实体经济的影响。尽管针对宏观审慎的研究和相关政策实践已大量涌现，但宏观审慎监管政策无法单独实现相关目标，需要财政政策工具和货币政策工具协调配合。维护金融稳定的相关政策工具如表 3-13 所示。

表 3-13　　　　　　　　　维护金融稳定的政策工具

	目标	工具
微观审慎政策	防范单个金融机构危机	资本要求、杠杆率
宏观审慎政策	防范整个金融体系危机	逆周期资本缓冲、留存资本、动态拨备
货币政策	价格稳定	政策利率、回购等
	流动性管理	抵押品管理、储备利率等
	金融失衡	储备要求、外汇储备缓冲、流动性清理
财政政策	总需求管理	税收、自动稳定器、相机抉择
	财政缓冲	降低债务水平、对金融机构征税
	危机时期的救助	资本注入、存款和债务担保、银行救助方案

资料来源：Hannoun（2010）、Galati 和 Moessner（2011）。

（一）宏观审慎监管与货币政策的协调

在次贷危机爆发前，各国一般未将金融稳定纳入货币政策的框架体系，因此在进行总量调节时不可避免地会出现顺周期效应，导致货币政策与宏观审慎监管中的逆周期管理政策相冲突。[1] Poole（2008）认为，货币政策目标和宏观审慎监管政策目标可以有效协调。[2] N'Diaye（2009）认为，逆周期监管政策和货币政策相互配合有助于金融稳定，而逆周期资本监管的实施可以使货币当局在实施货币政策时的成本更小，尤其是在实行固定汇率制的国家。但逆周期货币政策无效时，审慎监管可以作为缓解资产价格泡沫和促进产出稳定的有效手段。[3]

Caruana（2011）从金融周期与经济周期频率的比较和货币政策与宏观审慎政策工具之间的层次与等级关系出发进行研究，得出的结论是，两者可以通过合理的安排来达到协调一致的效果。[4] Freixas（2011）认为，由于短期市场中的流动性资产缺乏弹性，中央银行可以通过设定恰当的银行间市场利率的方式来实现最优均衡。当银行面临分散流动性冲击时，央行应该降低银行间市场利率，引导流动性资产的有效配置；当整个银行业面临集中的流动性冲击时，央行应该进行流动性注入，以避免流动性危机导致的系统性风险，从而货币政策和金融稳定具有内在的一致性。[5] 因此，系统地研究宏观审慎监管政策与货币政策传导机制相互间的协调配合至关重要。

---

① Borio C and White W. Whither Monetary Policy and Financial Stability [J]. TheImplications of E-volving Policy Regimes. BIS Working Paper, 2004（147）.

② Poole W. Rules-of-Thumb for Guiding Monetary Policy [J]. REVIEW, 2008，（1）：447-497.

③ N'Diaye P. Countercyclical Macro Prudential Policies in a Supporting Role to Monetary Policy [R]. IMF Working Paper, 2009（257）.

④ Caruana J. Why Central Bank Balance Sheets Matter [C]. Keynote Address at the Bank of Thailand-BIS Research Conference entitled "Central bank balance sheets in Asia and the Pacific：the policy challenges ahead", Chiang Mai, Thailand. 2011：12-13.

⑤ Freixas X, Martin A, Skeie D. Bank Liquidity, Interbank Markets and Monetary Policy [J]. The Review of Financial Studies, 2011（8）：2656-2692.

1. 宏观审慎监管政策与货币政策的传导机制

从货币政策本身的传导机制看，以逆周期和贷款成数（LTV）为代表的宏观审慎监管会对银行信贷行为产生影响，从而影响货币政策实施的效果。例如，逆周期缓冲资本能够增强金融体系的弹性并降低信贷周期。在经济上行阶段，金融机构积累了足够的资本缓冲，能够应对经济下行时的流动性冲击，保证实体经济的信贷需求。LTV比率限制政策能降低房地产投资对金融冲击的反应，也就是说，LTV比率限制缓解了上升期的金融加速器效应。宏观审慎政策可以部分替代货币政策，有了LTV限制时，不用实施过紧的货币政策。[①] 因此，如果存在宏观审慎监管，货币政策的效果会受到显著影响。[②]

但是，货币政策也通过影响借款抵押限制、银行风险承担及价格波动等外部性渠道影响金融稳定。例如，货币政策的改变影响信贷限制程度及违约的可能性，宽松的货币政策缓解了信贷的供需不平衡程度，而政策利率的收紧往往会导致较高的违约率，宽松的货币政策提升了金融系统的稳定性。[③]

2. 宏观审慎监管政策与货币政策的协调

前述分析从货币政策和宏观审慎监管政策传导机制交互影响视角分析了政策协调的重要性，但两者之间该怎样协调呢？一方面，应完善以前的货币政策框架，并引入宏观审慎的视角。货币政策的价格稳定目标不仅要关注短期的价格波动，还要着眼于长期资产价格的稳定，更加注重金融系统的稳定性。在此基础上，建立事前处置机制，在短期通胀压

---

① IMF. The changing Housing Cycle and the Implications for Monetary Policy. World Economic Outlook, April, Chapter 3, 2008.

② 王胜邦. 资本约束对信贷扩张及经济增长的影响：分析框架和典型案例 [J]. 产业经济研究, 2007 (4).

③ Goodhart et al. Monetary policy and financial stability [C]. Conference Proceedings of the 10th International Academic Conference on Economic and Social Development in Moscow, 2009.

力不大的情况下，预先采取收紧措施防止系统性风险的进一步积累，或者是建立货币政策的适当干预机制应对金融失衡。① 王胜邦（2007）认为，货币政策的目标可松可紧，是双向的，而审慎监管则关注长期金融稳定，行为是单向的。因此，宏观审慎监管政策只能谨慎地用来配合宏观经济政策的实施。

另一方面，在实施宏观审慎监管的过程中，对于经济增长和经济周期也应予以足够关注。逆周期宏观审慎政策的实施一定要考虑信贷周期领先于实体经济周期和两者之间不同步的事实，掌握好与货币政策的配合节奏。尤其是在经济下行时期，不能在实体经济没有明显复苏的情况下，根据前期的信贷增加而过早地采取提高资本充足率要求、提高贷款价值比等监管政策，造成"宽货币、紧信贷、低增长甚至负增长"的局面。可行的做法是，按照适当干预的原则建立一种机制，在经济上行和繁荣期使货币政策更加关注金融失衡和系统性风险的积累，更加主动地与宏观审慎政策配合；而在经济下行和萧条期使宏观审慎监管政策更加关注实体经济增长，更加主动地与货币政策配合。

（二）宏观审慎监管与财政政策的协调

次贷危机也引发了学者们对金融交易税的关注，但对其征收范围和税率确定还存在较大的争议。② Matheson（2011）详细阐述了不同类型的金融交易税和各国金融交易税在实践中的问题，分析了金融交易税对金融体系的影响和税率确定需要考虑的影响因素等。③ Fricke 和 Lux

---

① 张亦春，胡晓. 宏观审慎视角下的最优货币政策框架 [J]. 金融研究，2010（5）.

② Vella J，Fuest C，Schmidt-Eisenlohr T. The EU commission's proposal for a financial transaction tax [R]. Oxford Legal Research Paper Series，2012（4）.

③ Matheson T. Taxing financial transactions：issues and evidence [R]. IMF Working Paper，2011.

（2013）模拟了金融交易税对金融体系的冲击，发现在较低的税率水平下金融交易税对金融体系存在正效应，即使税率偏高也不会导致明显的负面效应。[①]

但是，Bierbrauer（2012）在研究金融交易税对金融稳定的影响时却发现，当银行之间存在高度关联性时，征收金融交易税会对市场流动性产生巨大冲击，加剧金融市场的不稳定。[②] Perotti 和 Suarez（2011）比较了庇古税和资本充足率及流动性约束等在控制系统性风险方面的表现，结果发现，如果银行信贷投资机会存在差异，对银行短期融资征收庇古税在遏制风险、维护信贷质量方面更为有效。如果银行的差异性主要体现在赌博激励，资本充足率和流动性约束则更加有效。因此，在维持金融稳定时应该同时包含这些工具。[③]

1. 宏观审慎监管政策与财政政策的传导机制

从财政政策本身的传导机制看，以逆周期和流动性约束为代表的宏观审慎监管政策会对财政支出产生影响，进而影响财政政策的实施效果。例如，逆周期缓冲资本和留存资本缓冲能够增强金融体系损失吸收能力。在经济上行时，金融机构积累了足够的资本缓冲，能够应对经济下行时的流动性冲击，可以有效降低对金融系统救助的兜底成本，而流动性约束能够防止经济过热，平抑经济的周期性波动。在危机时刻，流动性监管要求的降低有助于维持实体经济的投资需求，降低财政支出压力，实施更大幅度的减税等政策，即宏观审慎监管能够强化自动稳定器的作用。

---

① Fricke D, Lux T. The effects of a financial transaction tax in an artificial financial market ［R］. Working Paper, 2013 (1868).

② Bierbrauer R. On the incidence of a financial transactions tax in a model with fire sales ［R］. Working Paper, 2011 (3870).

③ Perotti E, Suarez J. A pigovian approach to liquidity regulation ［J］. International Journal of Central Banking. 2011 (7)：3-41.

另一方面，财政政策实施一般会对金融系统产生巨大影响。财政部门往往承担着最后救助人的角色，在单个金融机构发生危机时，财政以强制资产出售、资产购买、资金注入、资产重组以及资本要求等方式来消除市场冻结或者影响非流动资产的市场价格，防止单个金融机构风险向系统性风险演化。

2. 宏观审慎监管政策与财政政策的协调

财政政策和宏观审慎监管政策之间的协调配合体现在两个方面：一是要优化制度安排，降低兜底成本。财政部门应该与金融监管部门合作，从制度上、程序上确保救助资金合法规范，确保救助资金在可承受范围内。二是在实施宏观审慎监管政策的过程中，对于经济增长和经济周期也应予以足够关注。逆周期宏观审慎政策的实施一定要考虑金融机构对实体经济的支持，掌握好与财政政策的节奏配合。具体的办法可以是，在经济上行和繁荣期，宏观审慎监管政策更加关注金融失衡和系统性风险的积累，更加主动地与财政政策配合。在经济下行和萧条期，财政政策为金融机构提供适当救助，更加主动地与宏观审慎监管政策配合。

3.6　本章小结

本章对金融体系系统性风险管理的宏观审慎政策进行了分析，对宏观审慎监管和微观审慎监管之间的差异进行了剖析。在对巴塞尔资本协议Ⅲ和《商业银行资本管理办法》中金融体系系统性风险管理的相关政策进行了深入阐述的基础上，分析了监管改革对我国商业银行的影响，考察了宏观审慎管理的主要工具及其在监管实践中可能遇到的问题。这一章最后对宏观审慎政策与货币政策和财政的协调配合问题进行了分析。

巴塞尔协议Ⅲ和我国《商业银行资本管理办法》都明确要求，对商业银行实施逆周期资本监管政策，对系统重要性金融机构实施资本附加政策。尽管如此，关于逆周期资本政策的锚定指标如何选择还没有明确的规定，国内系统重要性金融机构的范围和动态调整办法尚无定论。

4 中国金融体系系统性风险分析

4.1 我国金融体系发展现状

（一）我国金融体系的发展规模

改革开放以来，我国经济一直保持高速增长，取得了举世瞩目的成就。对于30多年高速增长的中国经济而言，金融行业无疑扮演着极其重要的角色，金融在现代经济中的核心地位是由其自身的特殊性质和功能所决定的。现代经济是市场经济，市场经济从本质上讲就是一种发达的货币信用经济或金融经济，金融业的有序运行能促进货币资金的筹集、融通和使用，社会资源的配置也较为合理，国民经济良性发展。金融业在推动实体经济发展的同时，也迎来了自身不断发展壮大的态势。

从金融市场的发展来看，近年来规模不断发展壮大，总体交易规模保持稳定增长。以银行间债券市场为例，从1998年至2013年我国银行间市场主要债券发行总量整体上呈现明显上升的趋势，如图4-1所示。根据人民银行公布的数据，2013年我国货币市场、股票市场、期货市场和黄金市场等成交量均有不同程度的上升。包含同业拆借、质押式回购和买断式回购在内的货币市场成交量为 193.68 万亿元，同比增长 2.80%；沪、深两市总市值和流通市值分别为 23.91 万亿元和 19.96 万亿元，同比分别增长 3.79% 和 9.87%；期货市场累计单边成交 20.62 亿手，成交金额为 267.47 万亿元，同比分别增加 42.15% 和 56.30%；黄金累计成交 11 614.45 吨，同比增长 82.90%，成交金额 32 133.84 亿元，同比增长 49.42%。①

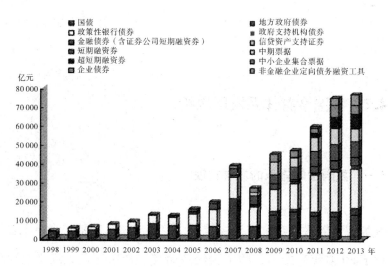

图 4-1　我国银行间债券市场主要债券品种发行量

从各个金融行业来看，自 2005 年至 2013 年我国银行业金融机构的总资产和总负债均呈现逐年递增趋势，行业规模不断壮大，发展态势平稳，如图 4-2 所示。截至 2013 年年末，我国银行业金融机构的资产总额为 151.35 万亿元，比上年末增加 17.73 万亿元，同比增长 13.27%；我国银行业的存贷款也保持平稳增长，银行业金融机构本外币各项存款余额 107.1 万亿元，比上年末增加 12.7 万亿元，同比增长 13.5%，各

① 中国人民银行金融稳定分析小组. 中国金融稳定报告（2014）. 北京：中国金融出版社，2014.

项贷款余额 76.6 万亿元，比上年末增加 9.3 万亿元，同比增长 13.8%。对于保险行业，从 2003 年至今总资产逐年递增，但增速逐步放缓，2013 年年底保险业总资产达到 8.3 万亿元，同比增长 12.7%。保险业发展趋势如图 4-3 所示。[1] 就其他金融行业而言，规模也呈现出不断扩大的趋势。截至 2013 年年末，证券公司总资产（不含客户资产）达到 1.52 万亿元，同比增加约 4 100 亿元，增长 36.79%；期货公司总资产（不含客户资产）629.89 亿元，同比增加 78.50 亿元，增长 14.24%。基金管理公司基金净值约 3 万亿元，同比增长 4.76%。[2]

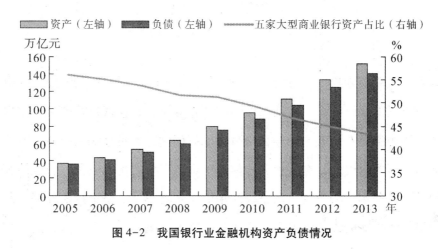

图 4-2　我国银行业金融机构资产负债情况

（二）我国金融体系的结构

1. 我国金融体系的总体结构

金融体系是一个经济体中资金流动的基本框架，它是资金流动的工具（金融资产）、市场参与者（金融机构）和交易方式（金融市场）

---

① 中国人民银行金融稳定分析小组. 中国金融稳定报告（2014）. 北京：中国金融出版社，2014.

② 数据来源于中国人民银行网站。

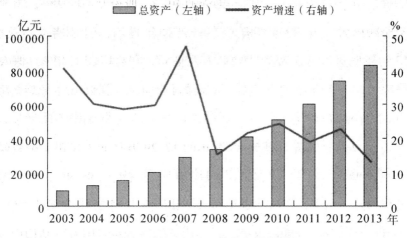

图4-3　我国保险业总资产及增速情况

等各个金融要素构成的综合体。世界各国的金融制度存在较大差异，也具有不同的金融体系，因此很难用一个相对统一的模式进行概括，很多研究认为世界各国的金融体系可分为以下两种：一是市场主导型，以英国和美国等为代表，在这种金融体系中金融市场的作用较大，企业的长期融资以资本市场为主，而银行的集中程度较小。二是银行主导型，即以银行间接融资方式配置金融资源为基础的金融体系，以法国、德国和日本等为代表，在这种金融体系中银行起着主导作用，金融市场发挥的作用较小。

我国金融体系始建于1953年。参照苏联模式，我国逐步建立了高度统一的计划经济体制，中国人民银行作为全国唯一的一家银行，同时肩负政府职能和商业职能。1978年，我国经济体制改革逐步展开，单一国家银行模式的金融体系也得以改变。直至1992年，我国形成了以中央银行为核心、专业银行为主体、多种金融机构并存的金融体系，各专业银行业务划分清晰但竞争机制尚未形成，非银行金融机构发展仍处于探索阶段。我国商业性金融和政策性金融彻底分离，形成了以中国人民银行为领导，国有商业银行为主体，政策性银行、股份制商业银行、其他非银行金融机构、外资金融机构并存和分工协作的金融机构体系。

两种类型金融体系的主要区别在于资源的配置方式。银行主导型金融体系以银行间接融资方式配置金融资源为基础，而市场主导型金融体系则以直接融资市场为主导。近年来我国社会融资规模不断增加，从2002年的2万亿元人民币到2013年的17.29万亿元人民币。融资结构也明显改善，2002年人民币贷款占社会融资规模的91.9%，其他融资占比仅为8.1%，而到2013年人民币贷款占同期社会融资规模的51.4%，直接融资比例大幅提高。但从总体来看，我国融资结构中直接融资占比一直较低，数值最高的2012年也仅仅达到15.9%。2002—2013年间我国非金融企业直接融资规模及占社会融资规模比例如图4-4所示。① 从图中可以看出，当前我国间接融资比例仍然较高，我国金融体系高度依赖商业银行的格局并未改变，资本市场的发展水平亟待提高。

根据金融体系表现出的一系列特征，可以判断我国的金融体系属于"银行主导型"。我国银行体系较为发达，企业外部资金来源主要通过间接融资，银行在动员储蓄、配置资金和监督公司管理者的投资决策以及在提供风险管理手段上发挥主要作用。以银行为主导的金融体系是我国经济发展阶段和市场演化程度的现实选择。基于我国特殊的制度和文化背景，"银行主导型"金融体系在今后相当长一段时间内不会发生根本性改变。

2. 我国金融行业的内部结构

金融业是指经营金融商品的特殊行业，具有优化资源配置和调节，

_____

① 中国人民银行金融稳定分析小组. 中国金融稳定报告（2014）. 北京：中国金融出版社，2014.

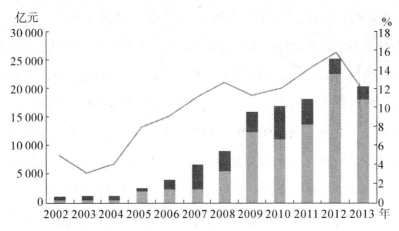

图4-4　我国非金融企业直接融资规模及占社会融资规模比例

反映、监督经济的作用，包括银行业、证券业、保险业、信托业和租赁业等。它是国民经济发展的晴雨表，在国民经济中处于牵一发而动全身的地位，关系经济发展和社会稳定。随着我国经济的稳步增长和经济、金融体制改革不断深入，我国的金融业得到空前的发展。

银行业在国民经济中处于战略性地位，历来受到各国政府的特殊保护。银行具有自然垄断和规模收益等特点，因此较之其他行业通常具有较高的垄断程度或较低的竞争性。纵观我国银行业的发展，其经历了由中国人民银行一家银行完全垄断，到五大国有商业银行高度垄断，再到国有商业银行改革和众多股份制商业银行兴起的过程，市场结构不断演变，开放程度和竞争程度也不断提高。尽管近年来我国商业银行市场集中度有所下降，银行业的竞争程度逐渐提高，但国有商业银行仍居于垄断地位。如图4-2所示，虽然五家大型商业银行的资产占比逐年下降，但截至2013年年底仍然占据43.34%的份额，股份制商业银行、城市商业银行和农村金融机构等资产占比较小。

在金融自由化和金融创新的推动下，我国商业银行经历了盈利结构

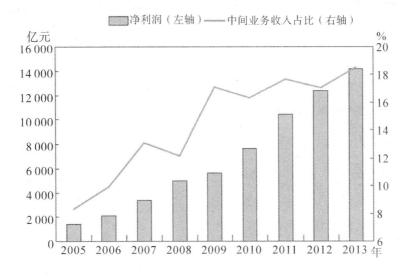

图 4-5　我国商业银行盈利水平及中间业务收入占比

的变迁。通常将银行业的盈利模式分为两种：一是利差主导型，即以批发银行业务为载体，通过吸收公众存款和发放贷款起到信用中介和信用创造的功能。二是非利差主导型，即以零售银行业务、中间业务和私人银行业务为载体，涵盖综合代理、金融中介和业务顾问等，起到金融服务的功能。一直以来，我国商业银行的利润主要来自高利差，2005—2013 年我国商业银行盈利水平及中间业务收入占比如图 4-5 所示。[①] 由图可知，我国商业银行盈利结构不断完善，中间业务收入占比逐年上升，但截至 2013 年年末，我国商业银行利润中间业务收入占比仍然较小，仅为 15.87%。当前，银行业所面临的市场机制和经营环境正在发生剧烈变化，主要依靠利差和信贷增长的传统盈利模式将不可持续，我国商业银行亟待加快发展转型。

---

① 中国人民银行金融稳定分析小组. 中国金融稳定报告（2014）. 北京：中国金融出版社，2014.

近年来，我国证券期货机构稳健经营，机构数量基本保持平稳，2004—2013 年我国证券期货经营机构数量如图 4-6 所示。① 从整体上看，证券与期货公司数量保持平稳，基金公司数量缓慢增加。根据人民银行公布的数据，截至 2013 年年底我国共有 115 家证券公司，其中上市证券公司 20 家，期货公司 156 家，基金管理公司 89 家。在证券公司的盈利能力方面，2013 年全年累计实现净利润 440 亿元，同比增长 32.93%。从证券公司的收入结构看，手续费及佣金收入是证券公司收入的主要来源，所占比重仍然过半。尽管我国证券公司的盈利能力有所增长，但其盈利模式仍需进一步改善。

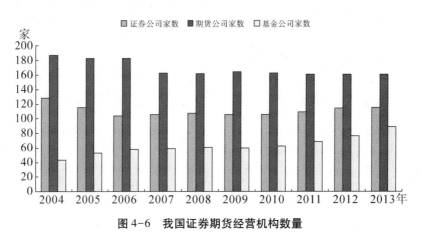

图 4-6　我国证券期货经营机构数量

我国保险业一直保持着稳中有进的发展态势，资产规模、机构数量和种类不断增加，根据人民银行公布的数据，截至 2013 年年底，我国保险业总资产达到 8.3 万亿元，同比增长 12.7%；保险机构达到 174家，其中保险集团和控股公司 10 家，财产险公司 63 家，人身险公司 71家，再保险公司 8 家，资产管理公司 18 家，出口信用保险公司 1 家，

---

① 中国人民银行金融稳定分析小组. 中国金融稳定报告（2014）. 北京：中国金融出版社，2014.

其他机构 3 家。根据 2013 年数据，我国保险业市场集中度下降，最大财产险公司和人身险公司的保费市场份额分别为 34.4% 和 30.4%，同比均有不同程度的降低；另外保险公司分化明显，如在财产险公司中，上市公司经营结果较好，中小公司经营结果不佳，而个别公司亏损严重。为了促进保险业的健康可持续发展，我国应全面、深入推进市场化改革，厘清监管与市场、行业的关系，增强市场活力，提升保险业竞争力。

目前，我国已初步建立起以各类商业银行、证券公司和保险公司为主体的金融组织体系。随着金融业对外开放的日益扩大和深化，按照党的十八届三中全会精神，我国应当继续推动市场化改革，进一步建设统一开放、竞争有序的市场体系，使市场在资源配置中起决定性作用，建立健全多层次的资本市场体系，加大直接融资支持力度，鼓励金融创新，丰富金融市场的产品和层次。

（三）我国金融体系存在的问题

伴随着几十年来经济社会的整体改革，我国的金融体系不断发展壮大，逐渐成为实体经济发展的助推器。我国金融体系从初步形成发展至今，虽然在诸多方面取得了巨大进步，但其内部仍然存在明显的缺陷，我们仍需认真研究现存中国金融体系的特点，更加全面清醒地认识和研判多年改革以来中国金融体系的基本现状，为中国金融改革找到顺应经济发展规律的正确方向。① 目前来看，我国金融体系主要存在三个方面的问题。②

---

① 杨英杰. 当前我国金融体系存在的问题. 理论前沿，2005（7）.

② 吴晓求. 中国金融体系存在三大缺陷. http://news. hexun. com/2013 - 11 - 18/159783949. html.

（1）金融业发展滞后，金融体系资源配置效率依然低下。随着国家改革力度的加大，我国的金融业虽然得到长足的发展，但其仍难以满足实体经济发展的需要。我国金融业发展的滞后可以归纳为以下两个方面：

一方面，信贷支持不足与产能过剩并存，金融体系的资源优化配置功能明显不足。[①] 金融的核心作用是促成储蓄向投资的转换，在这个过程中提高储蓄资金的积累效率，优化资金在各行业的配置。目前，我国储蓄转化为投资的主要途径是银行信贷。在我国金融体系中，大量的资金沉淀在国有商业银行等金融机构，并未有效地转化为生产性资金。国内储蓄过剩与外资大量涌入并存的现象说明了国内金融资源的浪费，反映了储蓄无法顺利地转化为投资的状况。总体上说我国的储蓄投资转化率处于较低的水平。

另一方面，货币供应过多，资本化程度不足。大量的理论和实践都表明，M2/GDP 指标过高反映了货币供应量超出经济增长的实际需要，金融体系的运行效率和资源配置效率低下。根据最新数据，我国 2013 年的 M2/GDP 指标高达 195%，远远超过了一般国家 100%～150% 的正常水平。[②] M2/GDP 这一指标持续上升表明我国的经济增长具有明显的信贷推动特征，而信贷资产的运用效率趋于下降则表明我国金融体系的运行效率和资源配置效率方面存在问题。另外，我国农村住宅及生产资料、城市中的基础设施等缺乏资本化运作导致我国资本化程度不足。

（2）资本市场不发达，融资结构扭曲，金融体系风险向银行集中。我国的资本市场伴随着经济体制改革的进程逐步发展起来，由于建立初期改革不配套和制度设计上的局限，资本市场中存在结构性的矛盾，制

---

① 沈建光. 产能过剩挑战中国经济 [EB/OL]. www.aisixiang.com.
② 张明. 钱去哪儿了 [N]. 投资快报，[2013-01-22].

约了市场功能的有效发挥。目前我国的资本市场不够发达，且缺乏多层次的融资结构。在资本市场结构中，我国始终将证券市场的发展看作重中之重，而对于非证券化资本市场并未给予重视；重视股票市场的发展，忽视债券市场的壮大，尤其是企业债券市场。长期票据市场等的市场规模占比很低，企业融资渠道主要依靠银行业或者盈利留存，致使风险过度向银行集中，不利于银行的经营管理和未来发展，为我国的金融稳定埋下安全隐患，严重制约了我国产业结构的转型升级。

我国的融资结构严重扭曲，直接融资与间接融资比例严重失衡。尽管近年来我国直接融资得到了快速发展，但目前直接融资占比依然很低。根据人民银行公布的数据，2013年我国直接融资占同期社会融资规模的11.7%，间接融资比例过高导致银行的贷款风险加大，制约了经济持续协调健康地发展。按照金融运行的一般规律，短期资金需求主要通过银行贷款即间接融资的方法来解决；长期资金需求主要通过发行股票和债券等直接融资的方式来解决，这样可以有效避免期限错配带来的流动性风险。但是，目前我国90%的长期资金需求都要通过商业银行以间接融资的方式来解决，而商业银行的资产来源主要以短期资金为主，从而产生了"短存长贷"期限错配和流动性问题，严重的期限错配极易引发金融体系系统性风险。

（3）金融机构集中程度偏高，非银行金融机构的服务供给覆盖面小。我国金融机构仍然是以国有金融机构为主，金融业务高度集中，国有金融机构比例居高不下，市场集中度偏高。我国金融体系属于银行主导型，金融资源主要分布在银行系统，商业银行的信贷是引导资源在实体经济间流动配置的主要方式。然而，银行业受自身特点的影响，无法满足所有经济主体的金融服务需求。

中小微企业缺乏抵押品，对小额资金需求旺盛，金融需求呈现出金额小笔数多的特点，而商业银行的经营模式导致其为这些企业提供信贷支持的成本较高，因此并不愿意为这些企业提供较多的融资服务。随着经济和金融体制改革的不断深化，我国中小企业也有了长足的发展，其数量占到全国企业总数的99%，对国民经济发展贡献率近50%。^① 然而，我国现有的非银行金融机构并不能弥补商业银行服务空白区域的金融需求，中小金融机构发展滞后，与数量庞大的中小企业发展极不协调。我国急需扩大非银行金融机构的服务供给覆盖面，引导资源在实体经济间优化配置，有效促进我国经济的转型。

我国"银行主导型"金融体系的形成具有制度性根源和必然性，但社会融资渠道过度集中于银行体系也在客观上导致了单一融资结构，增加了银行体系的风险承载量，削弱了金融体系的弹性。金融体系存在的突出问题为未来金融改革指明了方向，我国应当构建多层次资本市场、多层次银行体系，进一步优化金融业、银行业结构，鼓励中小金融机构发展，促进直接融资比例的提高，消除金融系统性风险隐患，提高金融体系的稳定性。

4.2　我国金融体系系统性风险的演变

20世纪90年代之前，我国金融机构的形式和功能都较为单一。社会主义市场经济体制改革之后，随着我国金融机构的规模和数量逐步壮大，金融产品和服务逐渐丰富，金融体系系统性风险的积累和传递逐渐显现。这里结合20世纪90年代以来历次金融危机对我国金融体系的冲击和近期我国金融体系出现的问题，分析我国金融体系系统性风险的演

---

①　数据来源：破解中小微企业成长"烦恼"，宁夏日报，2013-01-26.

变过程和特征。

（一）历次金融危机的冲击

（1）亚洲金融危机。1997 年 7 月 2 日，亚洲金融风暴席卷泰国，泰铢贬值。不久，这场货币危机横扫东南亚各地，打破了亚洲经济急速发展的景象。此后，亚洲一些经济大国和地区的经济开始萧条，一些国家和地区的政局也开始混乱，其中日本和我国香港地区经济增长受到严重打击，韩国和印尼严重衰退甚至陷入政治动荡。在亚洲金融风暴中，中国承受了巨大的压力，坚持人民币不贬值。

由于中国实行比较谨慎的金融政策和前几年采取了一系列防范金融风险的措施，在危机中未受到直接冲击，金融和经济继续保持稳定。危机期间，作为国际金融中心的香港也成为国际金融资本兴风作浪的舞台。港元曾遭到国际金融资本的反复冲击，但由于香港经济基本面运行状况良好，加之应对措施得当，香港并未遭受严重的损伤。我国能在金融危机中幸免于难，主要原因在于我国金融市场的自由化程度不高，金融体系较为封闭，资本项目实行管制（汪争平，1998；肖煜，1999）。

（2）2008 年全球金融危机。2007 年 8 月，美国次级抵押贷款机构破产导致美国金融市场流动性出现问题。由于美国长期以来信贷扩张和为转移风险金融创新过度滥用，美国各大金融机构在危机中遭受牵连。2008 年 9 月，美林银行由于严重亏损被收购，雷曼兄弟申请破产保护，摩根斯坦和高盛获批转为银行控股公司，接受美联储监管。由于全球各国金融市场的密切联系，随着危机的加深，这场金融危机逐渐演变为经济危机并迅速席卷全球，对各国经济和金融市场造成了剧烈冲击。中国作为全球最大的外汇储备持有国和美国最大的债权人之一，在这场国际金融危机中遭受了一定的直接负面冲击。美国等发达国家实体经济的下滑、货币政策的调整以及全球资本流动格局的改变也对我国经济金融产生了一定的影响。

我国银行业在次贷危机中的直接损失较小，但国际金融危机通过非关联渠道对我国银行体系还是造成了严重冲击。当全球众多金融机构陷入困境时，投资者对我国金融机构的信心也受到了一定程度的打击。2008 年下半年，作为 A 股市场权重最大的银行板块引领大盘深幅调整，表明金融危机对我国银行业经营环境产生了较为不利的影响。从证券和保险业来看，受国际经济环境的持续恶化影响，中国证券业机构的合格境内机构投资者（QDII）在走出国门就出现巨额亏损。国外经济环境的萧条对我国的出口行业也造成了严重的负面冲击，出口型企业的困境也对我国金融机构的稳健经营增加了变数。

（二）新形势下的金融体系风险

近年来我国金融体系得到了长足的发展，互联网金融的深入发展和利率市场化的稳步推进加速了金融业务的创新，也为我国金融体系的系统性风险管理埋下了隐患。首先，互联网金融全面冲击传统行业。以"余额宝"为代表的金融创新刷新了人们对互联网金融的认识，践行了"普惠金融"的理念。与此同时，互联网金融也影响了我国银行业的经营结构，对我国金融业的发展提出了严峻挑战。其次，利率市场化进程不断加快，这对我国的金融市场结构产生了深远影响。银行业只有调整资产负债结构，探索合适的转型模式，提高资产定价及风险控制的能力，才能保证自身的稳步发展。

（1）同业业务的发展。金融机构同业业务，即金融机构之间以同业资金融通为核心的各项业务，主要包括同业拆借、同业存款和买入返售等。银行同业业务最初限于商业银行之间的拆借，以解决短期流动性为主要目的，如今却成为商业银行规避资本监管要求、降低拨备成本、绕开存贷比硬杠杠的重要工具。央行数据表明，近年来我国商业银行同业业务急剧膨胀。2009年初至2013年末，银行业金融机构的同业资产从6.21万亿元增加到21.47万亿元，增长246%，是同期总资产和贷款增幅的1.79倍和1.73倍；同业负债从5.32万亿元增加到17.87万亿元，增长236%，是同期总负债和存款增幅的1.74倍和1.87倍。[①]

由于当前我国商业银行同业业务的资金来源主要是理财资金和短期拆借资金，但资金大多流向了缺乏流动性的中长期贷款，存在较为严重的期限错配问题。同业业务的发展又使得商业银行的风险关联程度大幅提升，如果同业业务的负债端出现问题，极有可能引发"多米诺骨牌效应"，导致银行间市场流动性恐慌。同业业务规模的不断扩大致使银行业内部隐含高度的脆弱性，致使银行流动性指标看似安全却随时都可能出现大幅波动，这也是近阶段我国银行间市场利率异常波动的重要原因。

（2）货币基金的迅速崛起。2013年被业界称为互联网金融元年。在当前互联网金融快速发展的背景下，我国大量互联网金融创新不断涌现，以"余额宝"、"理财通"等为代表的理财产品发展的风生水起。截至2014年二季度末，"余额宝"规模超过5000亿元，天弘基金管理公司凭借"余额宝"，一举成为国内最大的基金管理公司。[②] 截止到2014年5月，理财通吸纳的资金规模超过800亿元人民币。无论是

---

① 陈伟. 同业融资全面监管时期来临. http://opinion.hexun.com/2014 - 05 - 20/164939419.html.

② "2014年二季度末余额宝规模达5741.60亿元 用户数量破亿", http://www.chinabgao.com/info/76370.html.

"余额宝"还是"理财通",本质都是通过金融创新工具打通基金购买渠道,实现金融功能的融合。我国货币基金的迅速壮大,使其成为金融市场重要的"搅局者"。

与银行存款相比,互联网理财产品可参与度高、快速便捷、具有较高的收益预期,获得了投资者的青睐,其发展壮大直接分流了银行存款,导致银行活期存款的减少。与此同时,货币基金将个人闲散资金聚集起来投资于银行协议存款,因货币基金具有较强的议价能力,能够与银行以较高的利率签订协议存款实现收益,导致银行的经营成本上升。商业银行为了应对余额宝等各类互联网货币基金的冲击,发行各种货币市场类理财产品。为了吸引投资者,银行理财产品不断提高收益率,导致利率不断上升,银行间市场不稳定因素增加。

(3)非标准化债权资产(简称"非标")"非标"投资模式的转变。近年来,我国商业银行的资产结构正逐渐发生变化。央行数据显示,截止到 2014 年 4 月份,银行本外币贷款占比为 58.93%,信托贷款、委托贷款、未贴现的银行承兑汇票等间接融资在社会融资规模中占比 25.82%,银行的非信贷资产规模也逐年扩大。事实上,世界发达国家在利率市场化过程中都面临息差收窄、利润受到挤占的困境,由此带来了资产配置过程中风险偏好上升。另外,由于我国在银行资产端有诸多非市场化的限制,如存贷比、信贷规模、信贷投向行业限制以及高存款准备金等。为了规避监管,许多银行通过投资"非标"进行变相超贷。①

我国商业银行投资"非标"由来已久。但伴随着近期相应监管措施的出台,以银监会 8 号文的下发为转折点,银行为了满足监管要求,

---

① "非标"债券资产投资受限 或倒逼银行理财业务转型. http://www.financialnews.com.
cn/sc/zq/201303/t20130330_ 29838. html.

理财业务资金运作发生了一定的变化。① 在银监会8号文下发之前，银行主要运用表外理财资金投资"非标"产品，即通过信托通道、券商资管通道等购买表内信贷资产，变相进行"超贷"。企业通过"非标"融资后又将资金存入银行，银行存款结构发生改变，部分居民存款变为企业存款，但一般存款总额不变，超额储备也没有发生变化。银监会8号文明确规定不准商业银行为"非标"提供任何形式的担保或回购承诺，掐断了银行的通道业务。此后，商业银行改以表内自营资金投资"非标"，通过找过桥业务银行出具保函、抽屉协议等变为同业资产，达到了腾挪信贷空间的目的。而银行之间的资金拆借、头寸划拨只能使用超储，对同业资金的需求增加，而银行体系超储总量不变的情况下，银行间市场流动性趋紧可想而知，具体的投资影响机制如图4-7所示。

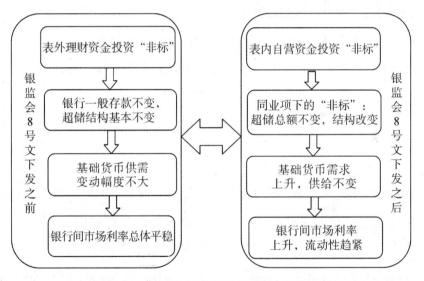

图4-7 "非标"对银行间市场流动性的影响

---

① 《中国银监会关于规范商业银行理财业务投资运作有关问题的通知》，http://www.nxdjfuw.org.cn/article/show.php? itemid=7658.

2013 年以来，我国上海银行间拆放利率（shibor）波动明显加剧，尤其是在 2013 年 6 月份"钱荒"事件中，shibor 平均值接近 7%，达到历史新高，这引起了监管部门以和众多学者的关注。2013 年年底，银行间市场流动性紧张再度袭来。为规范我国金融监管，促进金融市场健康发展，对我国金融机构的系统性风险进行度量和管理具有重要的意义。

4.3　金融体系系统性风险度量方法

2007 年爆发的国际金融危机给全球经济造成了巨大的冲击，大型金融机构的行为及其风险的外部性引起了金融监管部门的广泛关注。近年来，众多监管部门和学者对金融机构系统性风险贡献进行了探讨，所使用的方法大体上包括基于金融机构报表数据的指标体系方法和基于市场收益数据的风险度量方法。①

----

① 关于金融体系统性风险测度方法的研究，可以参考如下文献：

Acharya V，Engle R，Richardson M. Capital shortfall：a new approach to ranking and regulating systemic risks［J］. The American Economic Review，2012（3）.

Adrian T，Brunnermeier M. CoVaR［R］. FRB of New York Staff Report，2011（348）.

BCBS. Global systemically important banks：assessment methodology and the additional loss absorbency requirement［R］. 2011.

Brownlees C，Engle R. Volatility，correlation and tails for systemic risk measurement［R］. New York：Working paper of New York University，2012.

巴曙松，王凤娇，孔颜. 系统性金融风险的测度方法比较［J］. 湖北经济学院学报，2011（1）.

白雪梅，石大龙. 中国金融体系的系统性风险度量［J］. 国际金融研究，2014（6）.

范小云，王道平，方意. 我国金融机构的系统性风险贡献测度与监管——基于边际风险贡献与杠杆率的研究［J］. 南开经济研究，2011（4）.

徐超. 系统重要性金融机构识别方法综述［J］. 国际金融研究，2011（11）.

徐炜，黄炎龙. GARCH 模型与 VaR 的度量研究［J］. 数量经济技术经济研究，2008（1）.

（一） 基于报表数据的指标体系方法

为了构建金融机构系统性风险的管理和防范机制，国际货币基金组织（IMF）、金融稳定理事会（FSB）和巴塞尔委员会（BCBS）等机构高度重视对系统重要性金融机构的有效监管，制定了一系列办法。指标法是指监管当局基于对系统重要性金融机构（SIFIs）核心特征的判定，设定若干指标来界定 SIFIs 的范围。监管当局提出了识别全球系统重要性金融机构（G-SIFIs）的指标法，这种方法的优势在于透明、简洁，能快速确定 SIFIs 的范围。

本书下一章将基于这些方法针对我国银行业进行实证分析。

（二） 基于市场收益数据的风险度量方法

基于报表数据的指标体系方法在指标选择方面依赖于一定的经验，随意性较强，这种方法无法对金融机构的系统性风险贡献和其他相关风险事件参与程度进行区分。金融市场收益数据具有一定的前瞻性，其在风险管理中的应用具有独特优势，基于这些数据能对单家金融机构的系统性风险贡献进行度量。近年来，在系统性风险领域，众多学者基于市场收益数据对金融机构的系统性风险贡献进行了深入研究，无论是度量指标构建还是计量方法都取得了较大的进展。

在险价值（VaR）由 G30 集团于 1993 年在研究衍生产品时所提及，其发布的《衍生产品的实践和规则》将 VaR 定义为"在一定概率水平下，某一金融资产或证券组合在未来特定时期内最大可能损失。"[①] 自此之后，在险价值逐步发展为金融风险管理行业的"新基准"（Phillipe Jorion，2007）。Adrian 和 Brunnermeier（2009）在 VaR 的基础上发展了条件风险价值（CoVaR）方法，用来度量金融机构对金融体系的风险溢出效应或第 i 家金融机构对第 j 家金融机构所产生的溢出效应。CoVaR 的定义为：

$$Pr\left[R_j \leqslant \text{CoVaR}\left(R_{j|i}\right) \mid R_i = \text{VaR}\left(R_i, q\right)\right] = q$$

用金融体系收益率 R_m 来代替上式中的 R_j，就能对各个金融机构对金融体系的溢出效应进行分析。

Acharya 等（2010）基于期望损失（ES）构建了系统性期望损失（SES）和边际期望损失（MES）方法。MES 的定义为

$$MES\left(R_j, q\right) = E\left[R_j \mid R_i \leqslant \text{VaR}\left(R_i, q\right)\right]$$

SES 和 MES 由于其优良性质，受到众多学者的广泛关注（Brownlees 和Engle，2010；Tarashev 等，2011）。用金融体系收益率 R_m 来代替上式中的 R_j，得到的是各个金融机构对金融体系的溢出效应。

本章基于这两个指标来对我国金融机构的系统性风险溢出效应进行度量和分析。

为了对金融机构的溢出效应进行度量，一些学者对上述风险度量指标的计算方法进行了考察。一些文献基于参数化方法对风险度量指标的估计问题进行了探讨。徐炜和黄炎龙（2008）将 GARCH 模型应用到 VaR 的计算中，结果表明，FIGARCH、FIEGARCH 和 IGARCH 模型对 VaR 的计算偏误较小，刘晓星等（2011）使用极值理论来得到收益率序列的边缘分布，通过 Copula 函数对收益率的联合分布进行拟合，在

---

① Phillipe Jorion. Value at risk: the new benchmark for managing financial risk [M]. 3rd ed. New York: McGraw-Hill, 2007.

此基础上来计算 CoVaR，考察美国股票市场对其他股票市场的溢出效应。此外，基于历史模拟方法的非参数方法对风险因子的考虑与真实情形较为一致，诸多学者也基于此来对风险度量指标进行估计。

分位数回归方法的发展为条件期望的估计提供了便利，Adrian 和 Brunnermeier（2009）、Levent 和 Kupiec（2014）使用分位数回归方法来计算 CoVaR。

$$\min_{\alpha,\ \beta} \frac{1}{N} \Big\{ \sum_{R_{mi} \geq \alpha+\beta R_{ji}} q \,|\, R_{mi} - \alpha - \beta R_{ji} \,| + \sum_{R_{mi} < \alpha+\beta R_{ji}} (1-q) \,|\, R_{mi} - \alpha - \beta R_{ji} \,| \Big\}$$

$$\mathrm{CoVaR}(R_m \,|\, R_j = \mathrm{VaR}(R_j,\ q)) = \overset{\wedge}{\alpha}_q + \overset{\wedge}{\beta}_q \mathrm{VaR}(R_j,\ q)$$

通过最小化第一个式中残差加权和来得到参数的估计值，再使用第二个式子来计算 CoVaR。

基于历史模拟方法对 MES 进行计算的过程也较为简便。当金融机构的收益率 R_j 小于 q 分位数 VaR（R_j，q）时，金融体系收益率 R_m 的平均值就是 MES 的估计值

$$MES(R_m,\ q) = \frac{1}{N} \sum_{R_{jt} \leq \mathrm{VaR}(R_j,\ q)} R_{mt}$$

4.4 我国上市金融机构系统性风险溢出效应实证分析

（一）样本及数据

近年来全球加强了对全球系统重要性银行（G-SIBs）和全球系统重要性保险机构（G-SII）的识别和监管。由于我国实行分业经营和分业监管的金融模式，证券类金融机构在系统性风险的产生和传播过程中也起了非常重要的作用。因此，这里根据证监会的行业分类标准，对金

融和保险业上市金融机构的系统性风险溢出效应进行分析，研究样本涵盖上市商业银行、保险公司、证券公司和信托机构。选取国际金融危机爆发之后的 2008 年 1 月 1 日到 2013 年 12 月 31 日作为样本期，以 2 年作为一个时间段，分别考察 2008—2009、2010—2011 和 2012—2013 年期间我国上市金融机构的系统性风险溢出效应及其演变情况。研究所涵盖的金融机构如表 4-2 所示。这里选择沪深 300 指数来反映金融体系的整体状况，每日收益率数据来源于 CSMAR 数据库。数据处理和参数估计等在 MATLAB（R2013b）和 Stata12.0 中完成。

表 4-2 研究样本

	2008—2009 年	2010—2011 年	2012—2013 年
商业银行	平安银行、宁波银行、浦发银行、华夏银行、民生银行、招商银行、南京银行、兴业银行、北京银行、交通银行、工商银行、建设银行、中国银行、中信银行	平安银行、宁波银行、浦发银行、华夏银行、民生银行、招商银行、南京银行、兴业银行、北京银行、农业银行、交通银行、工商银行、光大银行、建设银行、中国银行、中信银行	平安银行、宁波银行、浦发银行、华夏银行、民生银行、招商银行、南京银行、兴业银行、北京银行、农业银行、交通银行、工商银行、光大银行、建设银行、中国银行、中信银行
证券公司	宏源证券、东北证券、锦龙股份、国元证券、长江证券、中信证券、国金证券、西南证券、海通证券、招商证券、太平洋、光大证券	宏源证券、东北证券、锦龙股份、国元证券、国海证券、广发证券、长江证券、山西证券、中信证券、国金证券、西南证券、海通证券、招商证券、太平洋、兴业证券、华泰证券、光大证券、方正证券	宏源证券、东北证券、锦龙股份、国元证券、国海证券、广发证券、长江证券、山西证券、西部证券、中信证券、国金证券、西南证券、海通证券、招商证券、太平洋、兴业证券、东吴证券、华泰证券、光大证券、方正证券
保险公司	中国平安、中国太保、中国人寿	中国平安、中国太保、中国人寿、	中国平安、新华保险、中国太保、中国人寿
信托公司	陕国投 A、安信信托	陕国投 A、安信信托	陕国投 A、安信信托
其他	爱建股份	爱建股份	爱建股份、中航资本
样本量	32	40	44

（二）我国上市金融机构的系统风险分析

（1）描述性统计

在 2008—2009 年期间，由于国海证券观察值较少，我们将其从样本中剔除掉，最终选择了 32 家金融机构进行系统性风险溢出效应分析。表4-3 是上市金融机构每日股票收益率的描述性统计分析结果。证券公司收益率的波动性相对较高，如东北证券和国元证券等，而商业银行波动性相对较小，如中国银行、工商银行和建设银行。在股票收益率的分布特征上，各个金融机构收益率的偏度值都较小，接近于 0，峰度值大多大于3，收益率分布的肥尾特征较为明显。在对是否服从正态分布进行检验时，由 JB 的值可以看出，大多数金融机构的收益率序列不服从正态分布。VaR_10、VaR_5 和 VaR_1 分别表示各个金融机构在 10%、5% 和 1%显著性水平下的 VaR 值，用来刻画金融机构未来的潜在损失大小。国元证券和海通证券的潜在损失最大，在 10% 显著性水平的潜在损失接近6.5%，而在 5% 和 1% 的显著性水平下相应潜在损失分别高达 9% 和 10%。

表4-3　　2008—2009 年期间上市金融机构收益率描述性统计分析

	标准差	偏度	峰度	JB 值	VaR_10	VaR_5	VaR_1
平安银行	0.0368	0.13	3.68	10.65	−4.56%	−6.30%	−9.94%
宏源证券	0.0428	−0.20	3.04	3.38	−6.21%	−8.08%	−10.01%
陕国投 A	0.0422	−0.13	3.37	4.18	−5.63%	−8.13%	−10.01%
东北证券	0.0467	−0.14	2.87	1.82	−6.33%	−9.29%	−10.00%
锦龙股份	0.0445	−0.28	3.13	6.67	−5.98%	−9.03%	−10.02%
国元证券	0.0462	−0.11	3.01	0.95	−6.46%	−9.04%	−10.01%
长江证券	0.0459	−0.10	2.93	0.85	−6.02%	−8.97%	−10.00%
宁波银行	0.0328	0.03	3.80	12.97	−3.93%	−5.62%	−8.87%

表4-3(续)

	标准差	偏度	峰度	JB 值	VaR_10	VaR_5	VaR_1
浦发银行	0.0378	0.13	3.64	9.57	−4.81%	−6.55%	−9.98%
华夏银行	0.0366	0.06	3.66	9.23	−4.61%	−6.39%	−9.65%
民生银行	0.0316	0.12	3.88	16.69	−3.81%	−5.19%	−8.45%
中信证券	0.0386	−0.03	3.27	1.57	−5.01%	−7.22%	−9.63%
招商银行	0.0345	0.04	3.87	15.52	−4.33%	−5.76%	−9.97%
国金证券	0.0449	0.08	3.23	1.56	−5.77%	−8.07%	−10.00%
西南证券	0.0377	−0.10	2.35	8.90	−4.99%	−5.03%	−7.83%
爱建股份	0.0469	0.04	2.95	0.15	−6.22%	−8.49%	−10.01%
安信信托	0.0411	0.01	3.46	4.20	−5.23%	−7.31%	−10.01%
海通证券	0.0470	−0.05	2.98	0.18	−6.59%	−9.00%	−10.01%
招商证券	0.0231	1.30	6.94	30.59	−3.05%	−3.58%	−3.95%
南京银行	0.0318	0.20	4.04	25.15	−3.69%	−4.80%	−8.79%
太平洋	0.0452	0.02	3.03	0.05	−6.03%	−8.61%	−10.00%
兴业银行	0.0368	0.01	3.47	4.46	−4.38%	−6.29%	−9.92%
北京银行	0.0324	0.03	3.87	15.29	−3.78%	−5.04%	−8.61%
中国平安	0.0364	0.00	3.61	7.31	−4.64%	−6.16%	−9.94%
交通银行	0.0303	0.06	4.16	27.93	−3.77%	−4.87%	−9.00%
工商银行	0.0238	0.08	5.80	159.27	−2.84%	−3.39%	−6.37%
中国太保	0.0354	0.15	3.47	6.17	−4.33%	−5.89%	−8.39%
中国人寿	0.0340	0.17	3.73	13.03	−4.08%	−5.61%	−8.10%
光大证券	0.0414	3.84	30.85	3130.79	−3.32%	−4.16%	−8.79%
建设银行	0.0261	0.19	4.98	82.38	−2.86%	−4.12%	−6.58%
中国银行	0.0234	0.43	6.14	215.55	−2.69%	−3.70%	−6.32%
中信银行	0.0301	0.00	4.27	32.89	−3.75%	−5.01%	−7.85%

在 2010—2011 年期间，新华保险和东吴证券由于观察值较少予以剔除，最后选择的上市金融机构数目为 40 家。表 4-4 为 40 家金融机构

每日收益率的描述性统计分析结果。与 2008—2009 年相比，各家金融机构收益率的波动性有减小的趋势，证券公司收益率的波动性仍高于商业银行，广发证券、国海证券和山西证券的波动性较高，分布的"右偏"和"尖峰"特征较为明显。在 10%、5% 和 1% 的显著性水平下的 VaR 值低于 2008—2009 年期间的相应值，这在一定程度上说明，我国金融市场的运行环境在金融危机后有一定的好转。安信信托、西南证券和方正证券等的 VaR 值较小，而农业银行、建设银行和工商银行等大型国有商业银行股票收益率的变动幅度较小。

表 4-4　　2010—2011 年期间上市金融机构收益率描述性统计分析

	标准差	偏度	峰度	JB 值	VaR_10	VaR_5	VaR_1
平安银行	0.0200	−0.10	4.82	60.01	−2.36%	−3.15%	−5.59%
宏源证券	0.0247	0.04	4.72	58.60	−3.10%	−4.23%	−6.70%
陕国投 A	0.0267	0.02	4.60	50.35	−3.43%	−4.52%	−6.42%
东北证券	0.0267	0.36	5.27	113.25	−3.01%	−4.34%	−6.98%
锦龙股份	0.0259	−0.06	5.28	99.31	−3.17%	−4.41%	−7.69%
国元证券	0.0216	−0.12	5.20	98.29	−2.68%	−3.54%	−6.04%
国海证券	0.2673	9.28	89.00	30641.17	−4.59%	−5.24%	−9.95%
广发证券	0.3379	20.80	437.32	3545545.45	−3.61%	−4.80%	−7.31%
长江证券	0.0257	0.38	5.94	182.87	−2.95%	−3.84%	−7.41%
宁波银行	0.0209	−0.17	5.41	118.85	−2.59%	−3.41%	−6.46%
山西证券	0.0503	9.86	137.86	214405.79	−3.07%	−4.59%	−7.00%
浦发银行	0.0176	0.04	4.28	32.33	−2.25%	−2.86%	−4.50%
华夏银行	0.0211	−0.04	4.97	75.84	−2.54%	−3.25%	−5.29%
民生银行	0.0155	−0.04	4.33	35.71	−1.91%	−2.61%	−4.34%
中信证券	0.0246	0.29	6.13	196.52	−2.83%	−3.93%	−7.55%
招商银行	0.0167	−0.06	3.68	9.45	−2.31%	−2.71%	−4.07%
国金证券	0.0257	0.18	5.12	92.88	−3.17%	−4.01%	−6.75%
西南证券	0.0240	−0.31	4.53	41.33	−3.19%	−3.94%	−7.93%
爱建股份	0.0251	0.09	5.43	113.81	−2.97%	−4.10%	−7.39%

表4-4(续)

	标准差	偏度	峰度	JB 值	VaR_10	VaR_5	VaR_1
安信信托	0.0306	0.08	4.94	41.30	−3.76%	−4.92%	−9.20%
海通证券	0.0230	0.40	6.47	253.03	−2.76%	−3.46%	−5.99%
招商证券	0.0194	0.24	6.56	259.10	−2.25%	−3.29%	−4.67%
南京银行	0.0198	−0.10	5.16	93.57	−2.35%	−3.32%	−5.68%
太平洋	0.0242	0.12	5.02	83.19	−3.08%	−3.95%	−7.11%
兴业银行	0.0212	0.02	4.11	24.43	−2.64%	−3.44%	−6.05%
北京银行	0.0187	−0.14	4.36	38.69	−2.47%	−3.32%	−4.75%
农业银行	0.0111	0.43	5.23	84.71	−1.18%	−1.88%	−2.58%
中国平安	0.0213	−0.14	4.50	42.21	−2.54%	−3.66%	−5.19%
交通银行	0.0148	−0.37	5.52	137.09	−1.93%	−2.48%	−4.91%
兴业证券	0.0429	5.08	56.89	37346.88	−3.79%	−5.07%	−7.41%
工商银行	0.0133	−0.40	12.35	1743.95	−1.49%	−1.82%	−3.31%
中国太保	0.0219	0.07	3.95	18.43	−2.72%	−3.39%	−5.71%
中国人寿	0.0185	0.01	4.74	61.09	−2.31%	−3.10%	−4.80%
华泰证券	0.0231	0.41	5.59	138.10	−2.69%	−3.59%	−6.22%
光大证券	0.0234	0.25	5.98	182.58	−2.82%	−3.79%	−5.93%
光大银行	0.0209	2.55	23.21	5919.25	−1.98%	−2.52%	−4.98%
方正证券	0.0553	5.18	40.75	6130.93	−3.41%	−4.48%	−7.86%
建设银行	0.0122	−0.28	5.61	141.67	−1.47%	−2.02%	−3.83%
中国银行	0.0111	−0.54	6.54	271.09	−1.32%	−1.71%	−3.55%
中信银行	0.0191	0.35	5.96	181.72	−2.40%	−3.20%	−5.05%

在 2012—2013 年期间，我国共有上市金融机构 44 家，表 4-5 为相应描述性统计分析结果。在收益率波动性方面，除中航资本波动性较高外，其他金融机构并未呈现出太大的差异。从行业角度来看，证券机构收益率的波动性仍高于商业银行。就收益率分布的偏度而言，除工商银行、中国银行和建设银行外，其余金融机构的收益率分布均呈现"右偏"特征，所有金融机构收益率的分布都具有明显的"尖峰肥尾"特征。各个金融机构的 VaR 值与 2010—2011 年期间相比都有所增加。

表 4-5　2012—2013 年期间上市金融机构收益率的描述性统计分析

	标准差	偏度	峰度	JB 值	VaR_10	VaR_5	VaR_1
平安银行	0.0245	0.89	6.96	368.32	−2.31%	−3.08%	−5.57%
宏源证券	0.0304	0.21	4.70	55.76	−3.15%	−4.23%	−9.18%
陕国投 A	0.0311	0.20	4.78	66.24	−3.26%	−4.61%	−9.62%
东北证券	0.0275	0.24	4.33	39.85	−3.13%	−4.01%	−7.54%
锦龙股份	0.0256	0.48	5.10	86.56	−2.58%	−3.61%	−6.16%
国元证券	0.0225	0.29	4.71	64.96	−2.47%	−3.28%	−5.98%
国海证券	0.0355	0.55	3.90	39.69	−3.71%	−5.21%	−7.69%
广发证券	0.0268	0.32	4.65	62.18	−2.84%	−4.03%	−7.33%
长江证券	0.0237	0.10	4.33	36.10	−2.32%	−3.50%	−6.77%
宁波银行	0.0200	0.40	7.15	356.84	−1.92%	−2.73%	−5.65%
山西证券	0.0264	0.30	4.52	40.95	−3.01%	−4.17%	−5.24%
西部证券	0.0441	8.50	128.84	271 415.94	−3.22%	−4.46%	−8.23%
浦发银行	0.0202	0.66	8.10	554.77	−1.83%	−2.69%	−5.72%
华夏银行	0.0189	0.13	5.82	160.05	−2.00%	−2.85%	−4.80%
民生银行	0.0207	0.49	8.25	566.14	−1.77%	−2.84%	−5.63%
中信证券	0.0239	0.52	5.37	134.39	−2.58%	−3.66%	−5.51%
招商银行	0.0182	0.91	7.63	488.91	−1.83%	−2.38%	−4.34%
国金证券	0.0307	0.60	4.68	83.34	−3.04%	−4.71%	−6.47%
西南证券	0.0270	0.16	4.46	44.65	−3.04%	−4.30%	−6.86%
爱建股份	0.0293	0.51	5.18	115.75	−3.09%	−4.41%	−7.06%
中航资本	0.4449	17.47	307.89	1 228 286.86	−3.92%	−4.98%	−8.05%
安信信托	0.0298	0.52	4.96	86.08	−3.21%	−4.41%	−7.47%
海通证券	0.0262	0.47	4.67	73.11	−2.65%	−3.74%	−6.08%
招商证券	0.0256	0.90	5.28	168.05	−2.68%	−3.66%	−5.58%
南京银行	0.0168	0.52	7.41	410.75	−1.92%	−2.42%	−4.23%
太平洋	0.0214	0.44	5.57	147.45	−2.40%	−3.21%	−4.70%
兴业银行	0.0215	0.56	8.65	656.79	−2.03%	−2.96%	−4.95%

表4-5(续)

	标准差	偏度	峰度	JB 值	VaR_10	VaR_5	VaR_1
北京银行	0.0176	0.52	8.55	631.75	−1.65%	−2.50%	−4.60%
农业银行	0.0114	1.37	17.11	4122.12	−1.18%	−1.50%	−3.36%
中国平安	0.0197	0.33	4.87	78.61	−2.21%	−2.83%	−4.80%
交通银行	0.0137	0.88	10.18	1089.24	−1.40%	−1.86%	−3.50%
新华保险	0.0271	0.64	5.24	132.91	−2.95%	−4.02%	−6.54%
兴业证券	0.0256	0.56	4.79	88.47	−2.69%	−3.72%	−6.11%
工商银行	0.0099	−0.12	10.32	1069.80	−0.98%	−1.41%	−2.66%
东吴证券	0.0284	0.59	4.90	99.75	−3.12%	−4.06%	−6.39%
中国太保	0.0205	0.55	4.75	86.09	−2.46%	−3.15%	−4.55%
中国人寿	0.0188	0.63	5.59	165.71	−2.22%	−2.97%	−4.49%
华泰证券	0.0250	0.24	4.00	24.47	−2.70%	−3.67%	−6.60%
光大证券	0.0264	0.06	4.61	51.17	−2.97%	−4.20%	−7.08%
光大银行	0.0146	0.62	7.94	518.24	−1.46%	−2.03%	−4.39%
方正证券	0.0292	0.86	4.89	105.74	−2.92%	−4.10%	−5.61%
建设银行	0.0122	−1.02	14.39	2673.12	−1.14%	−1.58%	−2.93%
中国银行	0.0097	−0.12	12.33	1738.23	−1.02%	−1.39%	−2.57%
中信银行	0.0178	0.33	8.64	644.20	−1.79%	−2.51%	−4.72%

（2）相关性分析

上述分析表明，我国金融机构的每日收益率基本上不服从正态分布。CoVaR 和 MES 的测度依赖于金融机构收益率与金融体系收益率的"左尾"相依性，如果两者之间的相关性太低，那么金融机构对金融体系的风险溢出效应就可能很微弱。这里使用 Spearman 相关系数方法对金融机构收益率与金融体系收益率之间的相关性进行测度，图 4-8 为不同时期上市金融机构股票收益率与沪深 300 指数收益率的相关系数结果。

由图4-8可以看出，我国上市金融机构的收益率与金融市场收益率之间有着较强的关联性，除个别极端值外，相关系数大体维持在0.6~0.8的水平。三个不同时期中的关联程度总体上呈下降趋势。例如，工商银行在三个时期中的相关系数分别为0.78、0.62和0.5，中国银行相应数值分别为0.80、0.67和0.53，而建设银行的三个相关相关系数值分别为0.80、0.69和0.56。但是，对于证券公司而言，其与市场收益率的相关性在2010—2011年期间却呈上升趋势，之后虽有回落，但仍然高于2008—2009年期间的相应值。例如，长江证券的三个相关系数值分别为0.76、0.82和0.76，中信证券则为0.80、0.81和0.82，西南证券的相应值分别为0.55、0.69和0.71，招商证券为0.68、0.80和0.79，光大证券的数值分别为0.66、0.77和0.75。

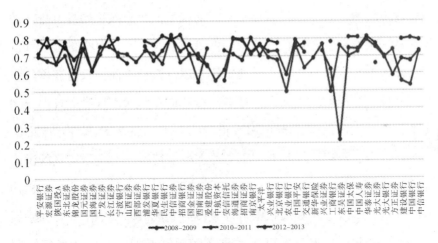

图4-8　金融机构收益率与市场收益率之间的 Spearman 相关系数

上述变化表明，金融危机后我国高度重视金融机构的风险溢出效应问题，加强了宏观审慎监管的力度，金融业与金融体系之间的相关程度有所降低，但随着证券、保险和信托等金融机构的不断发展壮大，银行股市值在金融市场中的占比有所降低。此外，金融机构业务差异性对关联程度的影响越来越大。在 2008—2009 年期间，由于市场占比较高，上市商业银行与市场收益率之间的相关程度普遍较高。随着我国金融体系的深入发展，在 2012—2013 年期间，证券类金融机构尽管规模较小，但其与市场收益率的相关程度已高于商业银行。因此，我们应高度重视因业务网络关联结构而导致的金融机构溢出效应说带来的潜在影响。

（3）上市金融机构系统性风险溢出效应分析

这里基于广为使用的 CoVaR 和 MES 系统性风险溢出效应度量指标，对金融危机后我国金融机构的系统性风险溢出效应进行测度，考察金融机构系统性风险溢出效应的演变趋势，对我国的宏观审慎监管政策提供相应建议。

图 4-9 是 2008—2009 年间我国 32 家上市金融机构系统性风险溢出效应的度量结果，基于不显著性水平下的度量值对金融机构进行排序的结果存在一定的差异。[①] 基于 MES 的度量结果表明，在 10% 的显著性水平下，北京银行、中信银行、交通银行和建设银行等商业银行有着较强的系统性风险溢出效应，而光大证券、招商证券和西南证券等证券公司对金融体系的溢出效应较弱（MES 值约为 3%）。随着显著性水平的下降，招商证券、海通证券和西南证券等在极端情形下对金融市场的溢出效应依然较弱（MES 值约为 3%），但对金融系统影响较大的金融机构则有所变化，宁波银行和南京银行等城市商业银行以及中国平安和中国太保等保险公司的溢出效应更强一些（MES 在 6% 以上）。由于篇幅限制，表 4-6 仅列出 MES 最小和最大的 5 家金融机构和相应指标值。

基于 CoVaR 的分析结论与基于 MES 的分析之间存在一定差异。由表 4-7 可以看出，在 10% 的显著性水平下，各个金融机构的 CoVaR 值差别不是很大，招商银行和浦发银行等股份制银行对金融系统的溢出效应较

---

① CoVaR 和 MES 的度量结果均为负，为了比较方便，这里对相应数值取了绝对值。

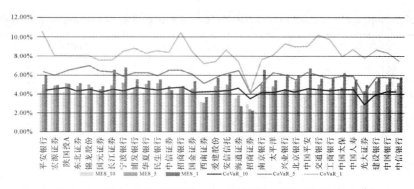

图 4-9 2008—2009 年期间上市金融机构的系统性溢出效应

强，而光大证券和招商证券等证券公司以及建设银行和中国银行等的风险溢出效应则较小。随着显著性水平的降低，指标值之间的差异越来越明显，金融机构的风险溢出效应排序存在一定的变化。在 1% 的极端情形下，对金融体系溢出效应较弱的金融机构是招商证券和西南证券等证券公司，CoVaR 值仅为 4% 左右，而平安银行、招商银行、交通银行和工商银行等商业银行对金融体系的风险溢出效应较强，CoVaR 值高达 10%。

表 4-6　　　　　　　2008—2009 年期间基于 MES 的排序

MES_10		MES_5		MES_1	
光大证券	2.88%	招商证券	2.47%	招商证券	2.26%
招商证券	2.97%	西南证券	3.12%	海通证券	2.73%
西南证券	3.18%	海通证券	3.90%	西南证券	3.71%
海通证券	3.62%	光大证券	4.35%	中信证券	4.48%
锦龙股份	3.89%	国元证券	4.49%	锦龙股份	4.76%
建设银行	4.36%	陕国投 A	5.12%	中国太保	6.24%
交通银行	4.46%	中信银行	5.21%	长江证券	6.56%
安信信托	4.52%	宁波银行	5.23%	南京银行	6.57%
中信银行	4.52%	建设银行	5.38%	中国平安	6.70%
北京银行	4.55%	北京银行	5.43%	宁波银行	6.82%

表 4-7　　　　　　　　2008—2009 年期间基于 CoVaR 的排序

CoVaR_10		CoVaR_5		CoVaR_1	
光大证券	2.97%	光大证券	3.90%	招商证券	4.26%
招商证券	3.54%	招商证券	4.16%	西南证券	7.22%
建设银行	4.03%	西南证券	5.19%	爱建股份	7.43%
太平洋	4.19%	南京银行	5.36%	海通证券	7.44%
中国银行	4.20%	北京银行	5.48%	中信银行	7.55%
中信证券	4.66%	海通证券	6.51%	兴业银行	9.31%
海通证券	4.69%	中信证券	6.51%	工商银行	9.78%
陕国投 A	4.71%	招商银行	6.56%	交通银行	10.20%
浦发银行	4.74%	东北证券	6.80%	招商银行	10.51%
招商银行	4.79%	锦龙股份	7.00%	平安银行	10.56%

图 4-10 为 2010—2011 年期间我国上市金融机构的系统性风险溢出效应。基于历史模拟方法得到的不同显著性水平下的 MES 基本上小于 5%，使用分位数回归方法得到的 CoVaR 基本在 6% 以下。这意味着，金融危机后我国宏观经济环境得到了较大的改善，宏观审慎管理政策富有成效。表 4-9 基于 MES 的金融机构对金融系统溢出效应的排序结果，在较高的显著性水平下，安信信托、山西证券和农业银行对金融市场的溢出效应较弱，而宏源证券和华泰证券等则较强。在 1% 的显著性水平下，宏源证券有着较强的溢出效应，而山西证券的溢出风险依然较小，大型金融机构的溢出效应排序出现不一样的规律，中国银行、工商银行和中国平安等行业巨头对金融体系的风险溢出效应反而较低。

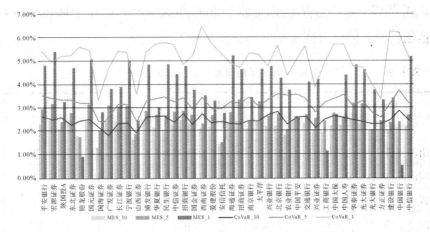

图 4-10　2010—2011 年期间上市金融机构的系统性溢出效应

表 4-8　　　　　　　　2010—2011 年期间基于 MES 的排序

MES_10		MES_5		MES_1	
国海证券	1.29%	安信信托	1.50%	中国银行	0.52%
安信信托	1.43%	锦龙股份	1.75%	锦龙股份	0.91%
山西证券	1.66%	山西证券	1.86%	工商银行	1.14%
锦龙股份	1.79%	国海证券	2.02%	山西证券	2.44%
农业银行	1.83%	农业银行	2.06%	中国平安	2.55%
国元证券	2.44%	宏源证券	3.17%	宁波银行	4.99%
广发证券	2.45%	光大证券	3.17%	国元证券	5.06%
招商银行	2.45%	太平洋	3.25%	中信银行	5.19%
宏源证券	2.46%	华泰证券	3.30%	海通证券	5.22%
华泰证券	2.53%	招商证券	3.33%	宏源证券	5.38%

　　基于 CoVaR 的度量结果与 MES 存在较大差异，由表 4-10 给出的机构排序可以看出，广发证券、国海证券、山西证券和兴业证券等证券公司在较低显著性水平下的系统性风险溢出效应较弱，即使在 1% 的显著性水平下，CoVaR 也仅为 4% 左右。就溢出效应最强的金融机构而

言，在 2010—2011 年期间商业银行相对靠前一些，但除中国银行外，其他银行在不同显著性水平下的排序具有不一致性。

表 4-9　　　　　　　2010—2011 年期间基于 CoVaR 的排序

CoVaR_10		CoVaR_5		CoVaR_1	
广发证券	1.81%	山西证券	2.36%	国海证券	3.34%
山西证券	1.91%	广发证券	2.36%	方正证券	3.37%
国海证券	2.11%	国海证券	2.44%	山西证券	3.57%
兴业证券	2.11%	方正证券	2.59%	兴业证券	3.90%
国金证券	2.26%	光大银行	2.80%	光大银行	4.02%
兴业银行	2.68%	平安银行	3.51%	华夏银行	5.74%
西南证券	2.73%	中国人寿	3.56%	民生银行	5.79%
招商银行	2.74%	中国平安	3.57%	中国银行	6.22%
北京银行	2.81%	北京银行	3.60%	建设银行	6.25%
中国银行	2.85%	中国银行	3.74%	西南证券	6.48%

在 2012—2013 年期间，我国上市金融机构增加到 44 家，但由图 4-11 可以看出，金融机构对金融体系的溢出效应进一步下降，基于历史模拟方法的 MES 基本上在 4% 以下，CoVaR 全都小于 6%。由图 4-11 可以看出，在基于 MES 的机构排序中，中航资本的溢出效应较弱，中国银行、农业银行和爱建股份在较高显著性水平下的 MES 也较小。对于 MES 较高的金融机构而言，度量结果在不同显著性水平下不稳健，对金融体系溢出效应较强的金融机构大多为证券公司，商业银行也仅有城市商业银行和股份制商业银行，而五大国有商业银行均不在列。表 4-12 为基于 CoVaR 的排序结果，中航资本、西部证券和农业银行的 CoVaR 最小。溢出效应最强的金融机构主要是证券公司和股份制商业银行，但不同显著性水平下的排序结果不一致。

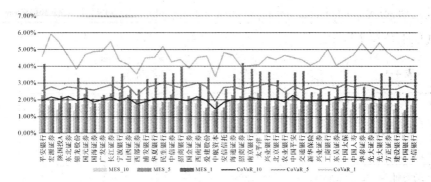

图 4-11　2012—2013 年期间上市金融机构的系统性溢出效应

表 4-10　　　　　　　　　　　2012—2013 年期间基于 MES 的排序

MES_10		MES_5		MES_1	
工商银行	1.04%	中航资本	1.37%	国海证券	1.79%
农业银行	1.20%	中国银行	1.43%	东北证券	1.81%
中国银行	1.25%	爱建股份	1.54%	中航资本	1.90%
爱建股份	1.29%	安信信托	1.56%	宏源证券	2.06%
中航资本	1.32%	农业银行	1.68%	国金证券	2.08%
中信证券	1.88%	兴业证券	2.35%	中国太保	3.79%
东吴证券	1.91%	国元证券	2.39%	南京银行	3.85%
山西证券	1.92%	长江证券	2.39%	招商银行	3.96%
海通证券	1.94%	太平洋	2.44%	平安银行	4.14%
南京银行	1.94%	宁波银行	2.46%	招商证券	4.19%

表 4-11　　　　　　　　　　　2012—2013 年期间基于 CoVaR 的排序

CoVaR_10		CoVaR_5		CoVaR_1	
中航资本	1.45%	中航资本	1.91%	中航资本	3.41%
西部证券	1.77%	西部证券	2.26%	西部证券	3.56%
安信信托	1.84%	农业银行	2.46%	锦龙股份	3.85%
浦发银行	1.87%	平安银行	2.55%	国金证券	3.90%

表4-8(续)

CoVaR_10		CoVaR_5		CoVaR_1	
农业银行	1.89%	方正证券	2.60%	招商证券	4.01%
宏源证券	2.16%	华泰证券	2.89%	华泰证券	5.38%
西南证券	2.17%	中国太保	2.93%	光大银行	5.43%
中国太保	2.20%	兴业银行	2.95%	陕国投 A	5.46%
东北证券	2.20%	西南证券	3.00%	长江证券	5.50%
中国平安	2.26%	民生银行	3.00%	宏源证券	5.94%

4.5 本章小结

本章对我国金融体系的发展现状及其存在的问题进行了深入分析，对近年来金融体系系统性风险的演变特征和趋势进行了剖析。在此基础上，这一章基于 MES 和 CoVaR，对我国上市金融机构对金融体系的风险溢出效应进行了度量，对 2008—2009 年、2010—2011 年和 2012—2013 年三个时期中的演变规律进行了分析。

5 中国金融机构系统重要性度量研究

新近国际金融危机爆发后，人们发现系统重要性金融机构在金融体系系统性风险的形成和传播过程中扮演了重要角色。为了更为有效地防范金融体系系统性风险，应对系统重要性金融机构的特征和动态演变机制进行深入分析。[①]

5.1 系统重要性金融机构及监管必要性

金融危机使许多大型金融机构遭受了重大损失，由于这些"大而不能倒"的金融机构具有规模大、网络关联性强、业务复杂、涉及面广以和功能不可替代等特点，单家金融机构的风险极易通过各种渠道迅速传染，引发多米诺效应，诱发系统性风险。这些金融机构在政府被迫进行救助后又产生了道德风险问题。相关国际组织和各国政府及监管机构在对这次金融危机进行反思的过程中，明确指出要加强金融监管，并提出了系统重要性金融机构的概念。[②]

---

① 徐超. 系统重要性金融机构识别方法综述 [J]. 国际金融研究, 2011 (11).

② Bernanke B. Financial reform to address systemic risk [R]. Speech at the Council on Foreign Relations, Washington DC, 2009 (10).

（一） 系统重要性的含义

国际货币基金组织（IMF）和国际清算银行（BIS）等国际金融组织认为，系统重要性银行是指在金融市场中起着关键作用，其困难或倒闭可能对银行和金融体系造成损失，并进一步影响实体经济的银行。20国集团金融稳定委员会则将系统重要性银行（金融机构）定义为"由于规模、复杂度与系统相关度，其无序破产将对更广范围内金融体系与经济活动造成严重干扰的银行（金融机构）"。20国集团金融稳定委员会还将系统重要性金融机构划为两个档次：全球系统重要性金融机构（G-SIFIs）和国内系统重要性金融机构（D-SIFIs）。系统重要性银行也相应被划分为全球系统重要性银行（G-SIBs）和国内系统重要性银行（D-SIBs）。全球系统重要性银行是指那些具有一定规模、市场重要性以及全球相关度，以至于其破产或出现问题时会对全球金融体系造成严重紊乱，并在多个国家内产生严重经济后果的银行。国内系统重要性银行是指破产或出现困难时，影响仅限于一国国内的金融体系及经济活动的银行。[①]

理论上，由于现代金融机构的业务具有高度关联性和复杂性，因此所有金融机构都具有潜在的系统重要性，但具体哪些金融机构应该被纳入这个范围还没有定论。一方面，如果某家金融机构被确定为全球系统重要性金融机构，那么这意味着该机构对全球金融市场有着重要影响力；另一方面，该金融机构将面临更高的资本监管要求和更详尽的信息披露等，这会降低该金融机构的盈利水平并影响其后续发展。

---

① BCBS. Global systemically important banks：assessment methodology and the additional loss absorbency requirement ［R］. 2011.

（二）对系统重要性银行进行监管的必要性

美国金融危机调查委员会的调查报告认为，这些具有系统重要性影响的金融机构在公司治理和风险控制方面存在的严重缺陷，是这场危机爆发的关键原因。[①] 具体而言，系统重要性银行对金融稳定的负面影响主要体现在负外部性和严重的道德风险两个方面。

（1）负外部性。巴塞尔委员会认为，负外部性是系统重要性银行的本质特征。这是因为，系统重要性银行是金融网络中的重要节点，通过股权投资、票据发行、同业拆借、衍生产品交易和资产证券化等表外业务，银行间相互关联程度大幅提高，并形成了共同的风险暴露。一旦系统重要性银行经营出现困境，必然会造成比非系统重要性银行更大的信心恶化和经济损失，风险事件存在扩散效应，金融风险会快速向多个市场、多家机构进行传递，这会导致金融体系的内在风险更加复杂，极易引发金融危机。

系统重要性银行会加剧经济周期的波动风险，对经济衰退或经济过热起到推波助澜的作用，从而使周期性经济波动加剧，影响整个金融体系的稳健性。具体而言，当经济处于繁荣时期，系统重要性银行倾向于信贷扩张，这样会造成更严重的期限错配和更高的杠杆率，使得通货膨胀和资产泡沫加剧；而当经济衰退时，系统重要性银行面临资本补充压力，不得不通过减少信用和去杠杆化等紧缩政策来规避风险，增加资本，这会导致信贷市场的大幅萎缩，使经济的低迷时期过于长久。

（2）严重的道德风险。由于系统重要性银行具有"牵一发而动全身"的作用，一旦经营失败将会对金融体系的稳定造成巨大的破坏作

---

① 毛奉君. 系统重要性金融机构监管问题研究 [J]. 国际金融研究, 2011 (9).

用，因此政府在系统重要性银行遭遇困境时，往往不会任其破产，而会采取"监管宽容"的政策，通过直接的财政资助或者中央银行再贷款帮助其度过危机。

这种救助会使得系统重要性银行相对于其他银行更容易产生道德风险，因为政府的救助会鼓励系统重要性银行从事高风险经营业务，而市场交易者也预期政府会提供这种隐形担保行为，从而忽视对风险的管控。[①] 这使得系统重要性银行能占据商业活动中的竞争优势，并获得融资便利，但这也在一定程度上使得市场的自我纠正机制和优胜劣汰机制失效。[②] 因此，加强对系统重要性银行的监管十分必要，而对系统重要性银行进行有效识别是加强对系统重要性银行监管的先决条件。

5.2 系统重要性金融机构的划分标准和识别方法

鉴于系统重要性结构在金融体系稳定中的特殊角色，各国监管当局和巴塞尔委员会在危机之后提出了系统重要性金融机构的识别及划分方法，我国应根据自身面临的监管问题制定相应的识别方法。

（一）巴塞尔委员会关于全球系统重要性银行的划分

2011 年 7 月 19 日巴塞尔委员会（BCBS）发布了《全球系统重要性银行：评估方法和附加损失吸收能力要求（征求意见稿）》，提出从

---

① Elijah B, Julapa J. How much would banks be willing to pay to become "too big to fail" and capture other benefits [R]. The Federal Reserve Bank of Kansas City, Economic Research Department Research Working Paper, 2007 (5).

② 斯蒂格利茨将这种"收益私有化而损失社会化"的道德风险称为伪资本主义。

规模（size）、跨司法管辖区活跃度（cross-jurisdictional activity）、互联度（interconnectedness）、可替代性（substitutability）和业务复杂程度（complexity）五个方面对银行系统重要性进行评估，并规定各国监管当局可根据情况作适当的监管调整，具体内容见表5-1。

表5-1　　　　　　　　全球系统重要性机构评估方法

类别及其权重	具体指标	权重
全球活跃程度（20%）	跨境资产	10%
	跨境负债	10%
规模（20%）	调整后的表外资产余额（杠杆率指标分母）	20%
关联度（20%）	金融机构间资产	6.67%
	金融机构间负债	6.67%
	批发融资比例	6.67%
可替代性（20%）	托管资产	6.67%
	通过支付系统结算的支付额	6.67%
	债务和股票市场中的承销额	6.67%
复杂性（20%）	场外衍生产品名义价值	6.67%
	Level 3 资产	6.67%
	交易账户和可供出售账户资产总额	6.67%

资料来源：BCBS. 全球系统重要性银行：评估方法和额外吸收损失要求. 2009.

依据表5-1的指标体系，巴塞尔委员会对于全球73家候选银行的系统重要性进行了测算和评估，初步确定来自12个国家的29家银行为全球系统重要性银行，如表5-2所示。所有入围银行按照得分区间均分为四组，分别适用1%~2.5%的附加资本要求。为避免获得上限得分的银行过度扩张规模，在第四组上特别增设第五组，适用3.5%的附加资本要求。

表 5-2　　　　　　　首批 29 家全球系统重要性金融机构

国家	系统重要性金融机构	国家	系统重要性金融机构
美国	美国银行	英国	苏格兰皇家银行集团
	纽约梅隆银行		劳埃德银行集团
	花旗银行		巴克莱银行
	高盛集团		汇丰控股
	摩根大通	法国	巴黎国民银行
	摩根士丹利		农业信贷银行
	道富银行		人民银行
	富国银行		兴业银行
德国	德意志银行	瑞士	瑞士银行
	德意志商业银行		瑞士信贷集团
意大利	裕信银行	比利时	德克夏银行
荷兰	荷兰国际集团	西班牙	桑坦德银行
瑞典	北欧联合银行	日本	三菱日联金融集团
中国	中国银行		瑞穗金融集团
			三井住友金融集团

资料来源：FSB. 关于系统重要性金融机构政策措施. 2011.

　　全球系统重要性银行被称为银行业的"稳定器"。由于进入名单的银行在全球金融市场中起着重要作用，一旦发生重大风险事件或经营失败，将对全球金融体系带来重大影响甚至引发系统性风险，因此有必要对其实施严格监管，进入该名单的银行必须增加资本金以应对其可能遭受的潜在损失。金融稳定理事会将每年审查和更新名单，并于当年 11 月发布。

　　2013 年 11 月 11 日，金融稳定理事会公布了最新的全球系统重要性银行名单，共计 29 家，如表 5-3 所示。摩根大通和汇丰银行位列名单之首，金融稳定委员会要求两家银行将资本缓冲率提高至 9.5%，高于普通银行的 7%。中国工商银行首次入选，至此中国已有工商银行和中国银行两家银行入选全球系统重要性金融机构名单，而中国银行已连续三年入选，这意味着中国银行业的影响力已在国际上获得了一定程度的认可。

表 5-3　　　　2013 年全球系统重要性银行的分组及附加资本要求

组别	附加资本要求	银行名称
第一组	1%	中国银行、中国工商银行、对外银行、桑坦德银行、人民银行、荷兰国际集团、瑞穗金融集团、北欧联合银行、兴业银行、渣打银行、道富银行、三井住友金融集团、裕信银行、纽约梅隆银行、富国银行
第二组	1.5%	美国银行、高盛集团、瑞士信贷集团、瑞士银行、三菱日联金融集团、摩根士丹利、苏格兰皇家银行集团、农业信贷银行
第三组	2%	花旗银行、德意志银行、巴黎国民银行、巴克莱银行
第四组	2.5%	汇丰控股、摩根大通
第五组	3.5%	无

由于保险业巨头近年来对全球保险业和各国金融系统的稳定性产生了日益深远的影响，全球保险市场集中度有所增加，因此对保险业系统重要性金融机构的监管问题受到诸多人士和部门的重视。为吸取 AIG 集团破产的教训，G20 集团达成了共识，由金融稳定局（FSB）和国际保险监督官协会（IAIS）共同确定全球系统重要性保险机构（G-SII）的范围。

IAIS 对全球系统重要性保险机构的监管主要体现在资本金的增加上，具体实施分为两个阶段。第一阶段，制定资本附加基准；第二阶段，为每家 G-SII 量身定制资本附加比率。指定依据主要参考每家 G-SII 的非传统业务占比。非传统业务在这里主要包括复杂衍生金融产品、大规模回购和融券交易、年金、抵押贷款保证保险和信用担保等等。确定 G-SII 的指标主要包括五个大类，即规模、全球活动、金融体系内关联程度、非传统与非保险活动、不可替代性。与 2013 年 7 月公布的 G-SII 判别方法一致，"规模"与"全球业务范围"对资本附加的影响不大。FSB 认为，如果保险公司能清楚地划分传统的低风险活动和高风险业务，那么它们就没有必要持有如此高的附加资本。

2013 年 7 月 19 日，国际保险监督官协会（IAIS）公布了首批"全球系统重要性保险机构"（G-SII）的名单，全球共有 9 家保险公司入围。上榜者均为国际顶级保险企业，分别为安联（Allianz SE）、美国国际集团（AIG）、意大利忠利保险（Assicurazioni Generali S. P. A.）、英杰华保险集团（Aviva plc）、法国安盛（Axa S. A.）、美国大都会（MetLife Inc）、美国保德信集团（Prudential Financial Inc）、英国保诚集团（Prudential plc）和中国平安（Ping An Insurance（Group）Company of China Ltd）。

（二）中国银监会关于国内系统重要性银行的划分

为了和国际监管体系接轨，增强我国银行体系的稳健性，中国银行业监督管理委员会在 2011 年 4 月 27 日发布的《中国银监会关于中国银行业实施新监管标准的指导意见》中提出，我国系统重要性银行的评估主要考虑规模、关联性、复杂性和可替代性四个方面的因素，每个方面所占的比重相等，均为 25%。[①] 考虑到我国银行的国际业务发展较为缓慢，银监会在确立系统重要性评估的主要因素时将巴塞尔委员会的跨区域经营这一大类予以剔除，以便准确地识别我国国内的系统重要性银行，而具体指标的设置方法却未明确。

随着我国商业银行规模的持续增长，银行系统关联度和复杂性不断

---

① 中国银监会令 2011 年第 44 号，http：//www．cbrc．gov．cn/chinese/zhengcefg．html。

增加。中国银监会于 2014 年 1 月 8 日向各银监局、国有商业银行和股份制商业银行下发了《商业银行全球系统重要性评估指标披露指引》，要求在我国境内设立的上一年度被巴塞尔委员会认定为全球系统重要性银行的商业银行以及上一年年末调整后的表内外资产余额为 1.6 万亿元人民币以上的商业银行根据该指引披露相关信息，并严格规定了各评估指标的口径及披露模版，以促进银行改进内部管理信息系统和管理水平，增加透明度，加强市场约束。[①] 该指引也有利于持续分析和监测相关指标及其变化情况，加强系统性风险的分析、监测和防范。具体的披露指标包括调整后的表内外资产余额、金融机构间资产、金融机构间负债、发行证券和其他融资工具、通过支付系统或代理行结算的支付额、托管资产、有价证券承销额、场外衍生产品名义本金、交易类和可供出售证券、第三层次资产、跨境债权和跨境负债。这意味着除北京银行、宁波银行和南京银行外的其余 13 家上市商业银行均需要严格披露相关信息。[②]

（三）系统重要性金融机构的识别方法

系统重要性金融机构的评估方法可以分为两大类：一类是指标法，该方法主要依据 IMF、FSB 和 BIS 等提出的评估系统重要性金融机构指标，通过对每个指标赋予权重并打分来评估金融机构的系统重要性。[③] 另一类为模型法，主要根据金融机构对整个体系系统风险的贡献程度来

---

① 中国银监会令 2014 年第 1 号，http://www.cbrc.gov.cn/chinese/zhengcefg.html。
② 13 家银行今年起需披露全球系统重要性指标 [J]. 上海证券报，2014-01-09.
③ 巴曙松，高江健. 基于指标法评估中国系统重要性银行 [J]. 财经问题研究，2012 (9).

度量银行系统的重要性程度。① 上一章使用第二种方法对我国上市金融机构对金融体系的风险溢出效应进行了实证分析，本章将基于指标法对我国上市银行系统重要性度量问题进行考察。

5.3　我国上市银行的系统重要性度量

由于我国银行参与的国际业务相对较少，各类数据搜集存在较大困难，一些学者基于模型方法的一些研究得出的结论不一致，这一节使用指标法来探讨我国国内金融机构的系统重要性度量问题。② 由于证券公司和保险公司部分数据难以获得，这里只针对上市商业银行考察系统重要性度量问题。

（一）指标描述和数据选取

根据《中国银监会关于中国银行业实施新监管标准的指导意见》，结合《全球系统重要性银行：评估方法和附加损失吸收能力要求（征求意见稿）》，考虑到我国的实际情况和数据的可得性，在评估我国银行的系统重要性时，我们主要考虑规模、关联性、复杂性和可替代性四个方面的因素，设置的指标体系如表5-4所示。

---

① 范小云，王道平，刘澜飚. 规模、关联性与中国系统重要性银行的衡量 [J]. 金融研究，2012（11）.

② 详见贾彦东（2011）、郑鸣等（2012）、范小云等（2012）、高波等（2013）、张娜娜等（2012）、彭建刚等（2013）、严兵等（2013）、徐芳等（2014）.

表 5-4　　　　　　　　　　系统性重要性银行的指标体系

类别及其权重	具体指标	权重
规模（25%）	银行总资产	25%
关联度（25%）	金融系统内资产	12.5%
	金融系统内负债	12.5%
可替代性（25%）	手续费及佣金净收入	8.83%
	净利差收入	8.83%
	贷款及垫款总额	8.83%
复杂性（25%）	衍生金融资产	6.125%
	衍生金融负债	6.125%
	交易性金融资产	6.125%
	可供出售的金融资产	6.125%

资料来源：作者自行整理。

（1）规模。一家银行的规模越大，遭受风险冲击时对金融市场带来的负面影响就越大，对公众信心产生的冲击也越强，因此在测度系统重要性时规模是一个不可或缺的因素。这里使用各家银行的资产总额表示规模。[1]

（2）关联度。银行间的关联性是指由于银行间存在业务往来，因而存在共同的风险暴露，一家银行发生倒闭将导致关联银行的重大资产损失，进而威胁整个金融体系的稳定。巴塞尔委员会以金融体系内资产、金融体系内负债和批发融资比例来代表关联度。批发融资比例为总负债与零售融资的差额占总负债的比率，这一比率反映了银行通过批发融资市场从其他金融机构融到的资金状况，而在中国这一比率并不能反映这些信息，因此我们将这一指标予以剔除。[2] 金融体系内资产包含资

---

① 例如，在金融危机期间，在遭受冲击而受到救助的金融机构中，仅有 2 家的资产规模为美国金融机构资产的前 50 名。

② 巴曙松，高江健. 基于指标法评估中国系统重要性银行［J］. 财经问题研究，2012（9）.

产负债表上存放在同业及其他金融机构款项、拆出资金和买入返售金融资产三项，金融体系内负债包含资产负债表上同业及其他金融机构款项存放款项、拆入资金和卖出回购金融资产三项。

（3）可替代性。银行可替代性是指当单家银行陷入危机状态时，银行体系中其他银行可提供相同或相近的金融服务。巴塞尔委员认为，银行的系统重要性与其提供金融服务的可替代性负相关，提供关键性金融服务的银行倒闭不仅会引起客户寻找相同服务的不便，也会造成服务缺口和市场流动性降低，从而增加其他银行危机的程度。[①] 巴塞尔委员会以托管资产、结算清算额和承销交易的价值来度量可替代性。对我国而言，信贷服务和与之相关的服务是银行的主要业务，因此这里使用手续费及佣金净收入、净利差收入、贷款及垫款总额来刻画可替代性。

（4）复杂性。复杂性指某家银行所从事业务的类型或组织结构的复杂程度，其业务越复杂，受到外界冲击而发生倒闭的处置难度就越大。巴塞尔委员会以场外衍生品名义价值、Level 3 资产、交易账户和可供出售账户资产总额三个指标测度复杂性，而我国目前的财务报表缺乏 Level 3 资产的数据，因此这里使用衍生金融资产、衍生金融负债、交易性金融资产、可供出售的金融资产四个指标来测度银行业务的复杂性。[②]

这里选择 16 家上市商业银行作为研究对象，使用 2011—2013 年期间各家银行的年度财务数据，来对银行的系统重要性进行评估。所有数据均来源于锐思金融数据库及上市公司年度财务报表数据库。

---

① Drehmann M, Tarashev N. Systemic importance：some simple indicators［J］. BIS Quarterly Review, 2011（3）.

② 郭卫东. 中国上市银行的系统重要性评估——基于指标法的实证分析［J］. 当代经济科学, 2013（3）.

(三) 实证分析

巴塞尔委员会公布的系统重要性银行评估指标体系和中国银监会公布的我国系统重要性银行评估指导意见都将四大类指标的权重设为等权重，但等权重的设置存在的主观性和随意性问题已引起了诸多学者的争议，因此这里使用等权重和熵值法确定权重两种方法进行比较分析，试图获得更为稳健的结果。[①]

1. 等权重方法

根据巴塞尔委员会和中国银监会公布的指标体系及权重设定的方法，我们使用等权重方法来计算各指标的权重，四大类指标的权重都为 25%，各子类指标也采取等权重方法。[②] 基于数据给各个子类指标打分，然后对分值进行加总，使用总分值来反映每家上市商业银行的系统重要性，具体计算公式如下：

$$SCORE_i = \frac{GM_i}{\sum\limits_{i=1}^{16} GM_i} \times 25\% + \frac{GL_i}{\sum\limits_{i=1}^{16} GL_i} \times 25\% + \frac{TD_i}{\sum\limits_{i=1}^{16} TD_i} \times 25\% \frac{FZ_i}{\sum\limits_{i=1}^{16} FZ_i} \times 25\%$$

GM_i、GL_i、TD_i 和 FZ_i 分别表示第 i 家银行的规模、关联性、可替代性和复杂性。

各家银行在 2011—2013 年期间的各类指标得分及总得分如表 5-5、5-6 和 5-7 所示。为了更好地识别系统重要性银行及可能具有系统重要性的银行，我们使用 KMeans 快速聚类方法，将 16 家上市商业银行划分为系统重要性银行、可能演变为系统重要性银行的银行和非系统重要性

---

① 张强，吴敏. 中国系统重要性银行评估：来自 2006—2010 年中国上市银行的证据 [J]. 上海金融，2011 (11).

② 具体的指标赋权如表6-4所示。

银行三类。为考察系统重要性银行的演变趋势，将各年度的系统重要性评分汇总到表5-8中。

表5-5　　　　　　　　2011年上市商业银行的系统重要性得分

名称	规模	相关性	可替代性	复杂性	综合得分	排名	分类
工商银行	0.0506	0.0330	0.0542	0.0515	0.1903	1	1
中国银行	0.0404	0.0393	0.0379	0.0666	0.1855	2	1
建设银行	0.0404	0.0229	0.0459	0.0303	0.1401	3	1
农业银行	0.0404	0.0243	0.0407	0.0306	0.1367	4	1
交通银行	0.0155	0.0180	0.0142	0.0157	0.0637	5	2
兴业银行	0.0081	0.0236	0.0064	0.0071	0.0453	6	2
中信银行	0.0094	0.0181	0.0080	0.0084	0.0441	7	2
浦发银行	0.0091	0.0181	0.0072	0.0044	0.0388	8	2
招商银行	0.0094	0.0083	0.0104	0.0085	0.0369	9	2
民生银行	0.0074	0.0108	0.0088	0.0045	0.0316	10	2
光大银行	0.0057	0.0106	0.0052	0.0073	0.0290	11	3
华夏银行	0.0041	0.0083	0.0034	0.0012	0.0169	12	3
北京银行	0.0032	0.0071	0.0021	0.0021	0.0145	13	3
平安银行	0.0044	0.0041	0.0033	0.0025	0.0144	14	3
宁波银行	0.0009	0.0013	0.0007	0.0029	0.0059	15	3
南京银行	0.0010	0.0022	0.0007	0.0014	0.0052	16	3

表5-6　　　　　　　　2012年上市商业的银行系统重要性得分

名称	规模	相关性	可替代性	复杂性	综合得分	排名	分类
工商银行	0.0520	0.0317	0.0534	0.0496	0.1878	1	1
中国银行	0.0376	0.0329	0.0361	0.0626	0.1704	2	1
建设银行	0.0405	0.0236	0.0452	0.0281	0.1379	3	1
农业银行	0.0376	0.0252	0.0392	0.0325	0.1351	4	1
交通银行	0.0153	0.0159	0.0143	0.0160	0.0619	5	2

表5-6(续)

名称	规模	相关性	可替代性	复杂性	综合得分	排名	分类
兴业银行	0.0095	0.0257	0.0079	0.0086	0.0519	6	2
中国民生	0.0093	0.0219	0.0096	0.0055	0.0463	7	2
招商银行	0.0098	0.0113	0.0108	0.0090	0.0411	8	3
浦发银行	0.0090	0.0147	0.0074	0.0054	0.0367	9	3
中信银行	0.0087	0.0096	0.0081	0.0087	0.0352	10	3
光大银行	0.0067	0.0114	0.0057	0.0061	0.0299	11	3
平安银行	0.0046	0.0086	0.0037	0.0028	0.0199	12	3
华夏银行	0.0043	0.0078	0.0035	0.0018	0.0176	13	3
北京银行	0.0032	0.0058	0.0024	0.0019	0.0133	14	3
宁波银行	0.0011	0.0022	0.0008	0.0054	0.0095	15	3
南京银行	0.0010	0.0019	0.0007	0.0009	0.0045	16	3

表 5-7　　　　　2013 年上市商业银行的系统重要性得分

名称	规模	相关性	可替代性	复杂性	综合得分	排名	分类
工商银行	0.0498	0.0285	0.0509	0.0481	0.1782	1	1
中国银行	0.0367	0.0357	0.0354	0.0452	0.1538	2	1
建设银行	0.0393	0.0183	0.0438	0.0425	0.1448	3	1
农业银行	0.0393	0.0269	0.0383	0.0310	0.1362	4	1
交通银行	0.0157	0.0181	0.0142	0.0187	0.0671	5	2
兴业银行	0.0097	0.0247	0.0090	0.0109	0.0545	6	2
招商银行	0.0105	0.0141	0.0116	0.0107	0.0471	7	2
中信银行	0.0094	0.0127	0.0090	0.0090	0.0403	8	3
浦发银行	0.0097	0.0154	0.0082	0.0058	0.0392	9	3
民生银行	0.0084	0.0157	0.0101	0.0040	0.0384	10	3
光大银行	0.0063	0.0099	0.0060	0.0038	0.0261	11	3
平安银行	0.0050	0.0096	0.0044	0.0032	0.0222	12	3
华夏银行	0.0045	0.0085	0.0038	0.0017	0.0184	13	3

表5-7(续)

名称	规模	相关性	可替代性	复杂性	综合得分	排名	分类
北京银行	0.0034	0.0073	0.0025	0.0019	0.0152	14	3
宁波银行	0.0012	0.0024	0.0009	0.0074	0.0120	15	3
南京银行	0.0011	0.0023	0.0008	0.0011	0.0053	16	3

表 5-8　　　　　基于等权重法的银行系统重要性得分排名

名称	2011	排名	2012	排名	2013	排名
工商银行	0.1903	1	0.1878	1	0.1782	1
中国银行	0.1855	2	0.1704	2	0.1538	2
建设银行	0.1401	3	0.1379	3	0.1448	3
农业银行	0.1367	4	0.1351	4	0.1362	4
交通银行	0.0637	5	0.0619	5	0.0671	5
兴业银行	0.0453	6	0.0519	6	0.0545	6
招商银行	0.0369	9	0.0411	8	0.0471	7
中信银行	0.0441	7	0.0352	10	0.0403	8
浦发银行	0.0388	8	0.0367	9	0.0392	9
民生银行	0.0316	10	0.0463	7	0.0384	10
光大银行	0.0290	11	0.0299	11	0.0261	11
平安银行	0.0144	14	0.0199	12	0.0222	12
华夏银行	0.0169	12	0.0176	13	0.0184	13
北京银行	0.0145	13	0.0133	14	0.0152	14
宁波银行	0.0059	15	0.0095	15	0.0120	15
南京银行	0.0052	16	0.0045	16	0.0053	16

　　由表5-5可以看出，工商银行和中国银行的得分相近，排名最靠前。这两家银行相对于其他银行而言，更具有"全球系统重要性银行"的资格。

　　从规模来看，工商银行得分最高，其次分别为建设银行、农业银行、中国银行；从相关性来看，中国银行高居榜首，其次分别为工商银行、农业银行、兴业银行；从可替代性来看，工商银行排名第一，其次分别为建设银行、农业银行、中国银行；从复杂性来看，工商银行得分最靠前，其次分别是中国银行、建设银行、农业银行。

从聚类分析的结果来看，四大国有商业银行被归为系统重要性银行。[1] 交通银行、兴业银行和招商银行有可能发展为系统重要性银行，其余九家商业银行为非系统重要性银行。基于其他年份的分析结论较为相似。

由表5-8可以看出，招商银行和平安银行的系统重要性排名在不断上升，原因可能是它们的规模和复杂性在不断增长，这也说明了"太大而不能倒"和"太复杂而不能倒"现象的存在。

2. 熵值法

由于等权重方法主观因素较强，无法真实反映系统重要性的各个子类指标贡献的大小，因此这里进一步使用熵值法来设定权重的大小。与等权重方法相比，熵值法根据数据本身的特征来确定权重，能更加客观地测度上市银行的系统重要性。

熵值法的建模过程如下：首先，定义一个 $m \times n$ 的评价指标矩阵 X，m 表示16家银行，n 表示10个评价指标，即 $X = x_{ij}$，$i \in [1, 16]$，$j \in [1, 10]$。再计算第 i 家银行的第 j 个指标所占的比重：

$$P_{ij} = \frac{X_{ij}}{\sum_{i=1}^{16} X_{ij}}$$

然后计算第 j 个指标的熵值：

---

① 周小川2012年在北京大学演讲时认为，我国的四大国有商业银行全都属于系统重要性银行，而交通银行属于特殊的类型，是潜在的系统重要性银行，其他上市商业银行属于非系统重要性银行。

$$e_j = -\frac{\sum_{i=1}^{m} P_{ij} \ln P_{ij}}{\ln(m)}$$

其中，$e_j \geq 0$，$i \in [1, 16]$，$j \in [1, 10]$。最后，计算第 j 个指标的差异系数和权重。定义第 j 个指标的差异系数为 $g_j = 1 - e_j$，则第 j 个指标的权重为：

$$w_j = \frac{g_j}{\sum_{i=1}^{16} g_j}$$

系统重要性得分为：

$$Score_i = \sum_{j=1}^{n} w_j \cdot P_{ij}$$

各个年度各个子类指标的权重和各家银行的指标得分情况如表 5-9、5-10、5-11 和 5-12 所示。这里也将 16 家上市商业银行划分为系统重要性银行、可能发展成为系统重要性银行和非系统重要性银行三种类型。为考察系统重要性银行的演变趋势，将各年度的系统重要性评分汇总到表 5-13 中。

表 5-9　　　　基于熵值法的系统性重要性银行指标体系及权重

类别	2011 年权重	2012 年权重	2013 年权重	具体指标	2011 年权重	2012 年权重	2013 年权重
规模	8.85%	8.94%	9.35%	银行总资产	8.85%	8.94%	9.35%
关联度	9.32%	8.41%	8.13%	金融系统内资产	4.09%	4.12%	4.32%
				金融系统内负债	5.22%	4.29%	3.82%
可替代性	30.69%	30.68%	30.81%	手续费及佣金净收入	12.65%	12.09%	10.79%
				净利差收入	8.99%	9.12%	9.69%
				贷款及垫款总额	9.05%	9.45%	10.32%
复杂性	51.15%	51.97%	51.97%	衍生金融资产	16.29%	16.35%	12.33%
				衍生金融负债	14.08%	13.75%	10.63%
				交易性金融资产	11.73%	13.44%	18.92%
				可供出售的金融资产	9.05%	8.42%	9.82%

由表 5-9 可以看出，尽管各个大类及其子类的权重每个年度不尽相同，但总体保持稳定。从大类指标来看，复杂性和可替代性所占比重最大，尤其是复杂性的权重甚至超过 50%，而以规模为核心影响因素的传统做法在实证分析中并未得到证实，这也从一个方面映了规模并不是系统重要性的唯一决定性因素，"太复杂而不能倒"也可能是系统重要性的决定因素之一。[①] 从子类指标来看，衍生金融资产和负债的权重较大，这再次印证了复杂交易对系统性风险的重要影响，因此在管理系统性风险时应考虑交易工具的控制。

表 5-10　　　　　2011 年上市商业银行的系统重要性得分

名称	规模	相关性	可替代性	复杂性	综合得分	排名	分类
中国银行	0.0143	0.0148	0.0469	0.1515	0.2275	1	1
工商银行	0.0179	0.0126	0.0678	0.1036	0.2018	2	1
建设银行	0.0143	0.0087	0.0575	0.0629	0.1434	3	1
农业银行	0.0143	0.0089	0.0503	0.0605	0.1340	4	1
交通银行	0.0055	0.0069	0.0171	0.0329	0.0623	5	2
中信银行	0.0033	0.0066	0.0095	0.0181	0.0375	6	2
招商银行	0.0033	0.0031	0.0127	0.0157	0.0348	7	2
兴业银行	0.0029	0.0087	0.0077	0.0145	0.0338	8	2
光大银行	0.0020	0.0039	0.0063	0.0154	0.0275	9	2
浦发银行	0.0032	0.0066	0.0084	0.0080	0.0262	10	2
民生银行	0.0026	0.0039	0.0109	0.0087	0.0261	11	2
平安银行	0.0016	0.0016	0.0039	0.0048	0.0119	12	3
华夏银行	0.0014	0.0030	0.0039	0.0023	0.0106	13	3
北京银行	0.0011	0.0026	0.0024	0.0034	0.0096	14	3
宁波银行	0.0003	0.0005	0.0009	0.0067	0.0083	15	3
南京银行	0.0003	0.0008	0.0008	0.0026	0.0045	16	3

---

① Zhou C. Are banks too big to fail? [R] DNB Working Paper, 2011 (232).

表 5-11　　　　　　　　　2012 年上市商业银行的系统重要性得分

名称	规模	相关性	可替代性	复杂性	综合得分	排名	分类
中国银行	0.0134	0.0111	0.0446	0.1430	0.2121	1	1
工商银行	0.0186	0.0107	0.0663	0.1039	0.1995	2	1
建设银行	0.0145	0.0079	0.0562	0.0585	0.1370	3	1
农业银行	0.0134	0.0084	0.0484	0.0646	0.1349	4	1
交通银行	0.0055	0.0054	0.0173	0.0352	0.0633	5	2
兴业银行	0.0034	0.0086	0.0098	0.0178	0.0396	6	2
招商银行	0.0035	0.0038	0.0133	0.0174	0.0380	7	2
中信银行	0.0031	0.0032	0.0098	0.0182	0.0343	8	2
民生银行	0.0033	0.0073	0.0120	0.0112	0.0338	9	2
浦发银行	0.0032	0.0050	0.0089	0.0106	0.0276	10	3
光大银行	0.0024	0.0038	0.0069	0.0130	0.0261	11	3
平安银行	0.0017	0.0029	0.0045	0.0055	0.0146	12	3
宁波银行	0.0004	0.0007	0.0010	0.0124	0.0144	13	3
华夏银行	0.0016	0.0026	0.0042	0.0035	0.0118	14	3
北京银行	0.0011	0.0019	0.0029	0.0032	0.0091	15	3
南京银行	0.0004	0.0006	0.0009	0.0018	0.0036	16	3

表 5-12　　　　　　　　　2013 年上市商业银行的系统重要性得分

名称	规模	相关性	可替代性	复杂性	综合得分	排名	分类
工商银行	0.0186	0.0092	0.0630	0.1073	0.1982	1	1
建设银行	0.0147	0.0060	0.0542	0.0967	0.1716	2	1
中国银行	0.0137	0.0116	0.0439	0.0867	0.1558	3	1
农业银行	0.0147	0.0089	0.0473	0.0730	0.1439	4	1
交通银行	0.0059	0.0058	0.0175	0.0374	0.0666	5	2
兴业银行	0.0036	0.0081	0.0111	0.0218	0.0446	6	2
招商银行	0.0039	0.0045	0.0144	0.0203	0.0431	7	2
中信银行	0.0035	0.0041	0.0111	0.0169	0.0357	8	2

表 5-12 (续)

名称	规模	相关性	可替代性	复杂性	综合得分	排名	分类
浦发银行	0.0036	0.0050	0.0100	0.0118	0.0305	9	3
民生银行	0.0031	0.0052	0.0126	0.0084	0.0293	10	3
光大银行	0.0024	0.0032	0.0075	0.0074	0.0204	11	3
平安银行	0.0019	0.0031	0.0055	0.0065	0.0170	12	3
宁波银行	0.0005	0.0008	0.0012	0.0136	0.0159	13	3
华夏银行	0.0017	0.0028	0.0046	0.0034	0.0125	14	3
北京银行	0.0013	0.0024	0.0031	0.0039	0.0107	15	3
南京银行	0.0004	0.0007	0.0009	0.0020	0.0041	16	3

表 5-13 　　　　基于熵值法的银行系统重要性排名

名称	2011 年	排名	2012 年	排名	2013 年	排名
工商银行	0.2018	2	0.1995	2	0.1982	1
建设银行	0.1434	3	0.1370	3	0.1716	2
中国银行	0.2275	1	0.2121	1	0.1558	3
农业银行	0.1340	4	0.1349	4	0.1439	4
交通银行	0.0671	5	0.0633	5	0.0666	5
兴业银行	0.0338	8	0.0396	6	0.0446	6
招商银行	0.0348	7	0.0380	7	0.0431	7
中信银行	0.0375	6	0.0343	8	0.0357	8
浦发银行	0.0262	10	0.0276	10	0.0305	9
民生银行	0.0261	11	0.0338	9	0.0293	10
光大银行	0.0275	9	0.0261	11	0.0204	11
平安银行	0.0119	12	0.0146	12	0.0170	12
宁波银行	0.0083	15	0.0144	13	0.0159	13
华夏银行	0.0106	13	0.0118	14	0.0125	14
北京银行	0.0096	14	0.0091	15	0.0107	15
南京银行	0.0045	16	0.0036	16	0.0041	16

由表 5-10 可以看出，国有四大行排名最为靠前，中国银行由于其业务复杂性而高居榜首，这也是中国银行在第一轮全球系统重要性银行筛选中就被列入名单的重要原因。

从规模来看，工商银行得分最高，其次分别为建设银行、农业银行、中国银行；从相关性来看，中国银行高居榜首，其次分别为工商银行、农业银行、建设银行；从可替代性来看，工商银行排名第一，其次分别为建设银行、农业银行、中国银行；从复杂性来看，中国银行得分最靠前，其次分别是工商银行、农业银行、建设银行。

从聚类的结果来看，四大国有商业银行被归为系统重要性银行；交通银行、中信银行、兴业银行、招商银行、光大银行、浦发银行和民生银行有可能发展为系统重要性银行，其余五家商业银行为非系统重要性银行。基于其他年份的分析结论较为类似。

由表 5-13 可以看出，中国银行和工商银行排名一直靠前，尤其是 2013 年工商银行的排名首次超过中国银行，2013 年工商银行被巴塞尔委员会列入全球系统重要性银行的名单。国有商业银行的排名一直在前四位，其他上市商业银行的排名比较稳定。值得注意的是，尽管交通银行的排名一直比较稳定，但在关联性等方面落后于其他股份制商业银行，这也是聚类分析中交通银行被纳入可能发展为系统重要性银行的重要原因。

为了对比等权重法系统重要性排名和熵值法系统重要性排名，我们将两种方法得到的结果进行汇总，如表 5-14 所示。[①]

---

① 为简便起见，这里只将 2013 年的排名结果进行了比较。

表 5-14　　　　　　　　两种方法的系统重要性排名对比

名称	等权重法		熵值法	
	得分	排名	得分	排名
工商银行	0.1782	1	0.1982	1
建设银行	0.1448	3	0.1716	2
中国银行	0.1538	2	0.1558	3
农业银行	0.1362	4	0.1439	4
交通银行	0.0671	5	0.0666	5
兴业银行	0.0545	6	0.0446	6
招商银行	0.0471	7	0.0431	7
中信银行	0.0403	8	0.0357	8
浦发银行	0.0392	9	0.0305	9
民生银行	0.0384	10	0.0293	10
光大银行	0.0261	11	0.0204	11
平安银行	0.0222	12	0.0170	12
宁波银行	0.0120	15	0.0159	13
华夏银行	0.0384	13	0.0125	14
北京银行	0.0152	14	0.0107	15
南京银行	0.0053	16	0.0041	16

表 5-14 表明，基于我国银行数据使用两种方法得到的银行系统重要性排名差异不是很大。尽管在两种方法中四大国有商业银行的排名一直位居前列，但在等权重法中中国银行排名第二，而在熵值法中中国银行排名第三，原因在于 2013 年建设银行的四大类指标均超过了中国银行。此外，这里所选取的指标忽略了国际业务对系统重要性的影响，而国际业务在中国银行所有业务中占有较大的比例。

5.4 本章小结

本章根据巴塞尔委员会和中国银监会关于系统重要性的指标体系，使用2011—2013年16家上市商业银行的财务数据，对我国上市商业银行的系统重要性进行了测度。根据《中国银监会关于中国银行业实施新监管标准的指导意见》，结合《全球系统重要性银行：评估方法和附加损失吸收能力要求（征求意见稿）》，考虑到我国的实际情况和数据的可得性，在评估我国银行的系统重要性时，我们主要考虑规模、关联性、复杂性和可替代性四个方面的因素。为了使结果更为可靠，我们分别使用等权重法和熵值法进行实证分析，并对计算结果进行了对比分析。研究表明，无论使用等权重法还是熵值法，四大国有商业银行都具有系统重要性，在银行体系中处于第一梯队，需要重点监管。交通银行等是潜在的系统重要性银行，在银行体系中处于第二梯队，需要监管当局给予足够的关注。华夏银行及其他地方性上市商业银行的各大类指标均排名靠后，基本不具备系统重要性，在银行体系中处于第三梯队，监管当局无需给予特别监管。

6 中国逆周期缓冲资本调整指标研究

6.1 引言

2007—2009 年国际金融危机爆发后，全球在加强宏观审慎监管、防范金融体系系统性风险、维护金融稳定方面取得了共识，宏观审慎管理成为理论界和政策制定者关注的热门话题，构建逆周期的金融宏观审慎管理框架也是"十二五"期间我国深化金融体制改革的重要内容。巴塞尔协议Ⅲ提出了逆周期资本缓冲的宏观审慎监管政策，建议将信贷/GDP 作为核心挂钩变量，根据其对长期趋势的偏离幅度（GAP）来确定是否计提逆周期缓冲资本。[①]

我国虽明确了逆周期宏观审慎管理框架的构建目标，但还未确定逆周期缓冲资本的具体计提方法。逆周期缓冲资本政策实施的关键在于核心挂钩变量的选择，调整指标选择是否合适直接关系到逆周期政策的效果，因此对其进行深入研究具有重要的理论意义和现实意义。

当前已有部分文献对我国逆周期缓冲资本调整指标选择问题进行了

---

① 朱波，卢露. 中国逆周期缓冲资本调整指标研究：基于金融体系脆弱时期的实证分析 [J]. 国际金融研究，2013（10）.

关注（如巴曙松（2011）、陆岷峰和葛虎（2011）等），李文泓和罗猛（2011）等还基于巴塞尔协议Ⅲ对我国银行业逆周期缓冲资本计提问题进行了实证分析，但对逆周期缓冲资本调整指标的选择及适用性进行系统研究的文献还不多见。Mathias 等（2011）、Repullo 和 Saurina（2011）等基于银行业危机对逆周期缓冲资本调整指标的选择问题进行了研究，对信贷/GDP 是否是合适的核心挂钩变量尚未得出一致结论。由于没有发生过金融危机，类似分析方法对我国并不适用。

Minsky（1992）的金融体系脆弱性假说认为，金融危机源于金融体系内在的脆弱性。危机作为脆弱性的极端外在表现形式，通常被视为金融体系"坏时期"（Bad Time）的替代。理想的逆周期缓冲资本调整指标需具备反映金融体系脆弱性状况的能力，基于金融体系脆弱时期而不是极端情况下的危机时期来实证分析我国相关指标的选择问题同样具有重要意义。尽管如此，相关文献却不多见。

本章在使用主成分分析法对我国 2001—2012 年期间金融体系脆弱性进行测度的基础上，使用信号提取法来实证考察我国逆周期缓冲资本调整指标的选择问题。基于金融体系脆弱时期视角的研究对逆周期缓冲资本计提文献进行了扩展，对宏观审慎政策而言也具有重要意义。

本章的结构安排如下：第二节回顾文献并阐述研究的内容和出发点；第三节解释研究设计，包括数据来源、指标的选择和计算方法、金融体系脆弱性的测度、信号提取法等；第四节分析指标在脆弱时期前后的表现，并基于不同的高危临界值对指标的预警性能进行测试；第五节对这一章进行总结。

6.2　问题提出

逆周期缓冲资本调整指标是缓冲资本提取和释放的重要依据，其选择是否适当直接关系到逆周期缓冲资本政策的实施效果，因此对调整指标进行深入研究具有重要的理论意义和现实意义。

基于资本主义经济的繁荣和萧条理论，Minsky（1992）提出了金融体系脆弱性假说。银行在繁荣时期过度扩大的信贷规模，导致了金融体系脆弱性的不断积聚，为金融危机的爆发埋下了隐患。Claudio（2001）和 Willliam（2006）等对"顺周期"现象进行深入考察后得出的结论是，风险认知、风险承担意愿等都随经济波动而变化。此次国际金融危机以来，金融体系顺周期效应受到广泛关注。Squam（2009）、FSA（2009）和 Shin（2010）等认为，可以利用逆周期的缓冲资本来缓释顺周期效应，BIS（2010）还对逆周期资本缓冲调整指标和调整参数的选择问题进行了深入研究。2010 年 12 月，巴塞尔委员会公布的《各国实行逆周期资本缓冲指引》确定了各国监管当局实行逆周期资本缓冲的实施原则，同时建议将信贷/GDP 作为逆周期缓冲资本的核心挂钩变量。在此基础上，众多学者对调整指标的选择问题进行了研究。

部分学者认为信贷/GDP 缺口是合适的缓冲资本调整指标。Mathias 等（2011）对 63 个国家 46 次危机进行研究后得出的结论是，信贷/GDP 缺口是缓冲资本积累阶段的最佳先行指标，公司债券信用价差是释放阶段最佳同步指标。这与 BIS 和巴塞尔委员会的研究结论较为一致。李文泓和罗猛（2011）采用我国银行业数据对逆周期资本缓冲进行实证分析得出的结论是，用信贷/GDP 缺口来判断我国信贷增长过快和系统性风险积累状况的效果较好。陈雨露和马勇（2012）基于三个不同的挂钩变量对中国逆周期资本缓冲的实施方案进行模拟分析后得出的结论是，由于中国金融体系在 2002 年和 2006 年先后出现两次显著的结构性变迁，狭义信贷/GDP 越来越难以反映金融体系的真实信用创造占 GDP 的比重，广义信贷/GDP 和社会融资总量/GDP 更适合作为逆周期资本缓冲的核心挂钩变量。

也有学者认为信贷/GDP 缺口并不是合适的逆周期缓冲资本调整指标。Repullo 和 Saurina（2011）认为，这一指标在预测经济周期方面并不像 GDP 增长率那样准确，机械地运用这一指标将进一步放大银行资本监管的顺周期效应。在此基础上，他们构建了基于 GDP 增长率的逆周期缓冲资本计提理论框架。Drehmann（2011）认为资产价格是缓冲资本可能的调整指标，该指标在缓冲资本积累阶段有着较好的表现，但在释放阶段的表现要差一些。胡建生和王非（2013）等也认为应将资产价格作为逆周期缓冲资本调整的挂钩变量，在经济发展的不同时期将资产价格波动和相应指标的线性组合作为缓冲资本调整的挂钩变量。Rochelle 和 Ralf（2011）等从数据来源的角度分析了信贷/GDP 的不可靠性，由于指标数据存在很大程度的外部修正，对缺口值的错误估计将带来巨大的经济成本。比如，在利率适度提高时，依据这一指标计提的逆周期缓冲资本将导致贷款规模出现较大幅度的下降。

选择逆周期缓冲资本调整指标的标准在于能否识别金融体系的好坏时期。Kashyap 和 Stein（2004）、Repullo 和 Suarez（2009）认为金融体系较为糟糕的时期也是银行遭受巨大损失、面临较大信贷压力的时期。很多研究使用银行业危机时期来替代金融体系较为糟糕的时期（Drehmann（2010）和 Claudio（2011）等）。学者对中国金融体系好坏时期的研究主要集中于对金融体系脆弱性的测度，但测量方法尚未达成共识。杜晓蓉（2010）以

2005—2008 年的数据为基础，使用 probit 模型对中国发生金融危机的可能性进行了模拟；袁德磊和赵定涛（2007）则运用算数平均法和格兰杰因果关系检验法，以不良贷款率、通胀率和资本充足率等指标对 1986—2005 年期间中国金融体系脆弱性进行了分析；万晓莉（2006）、朱敏（2010）、段军山和易明翔（2012）等使用的是因子分析法方法。

综上所述，对信贷/GDP 缺口是否是合适的逆周期缓冲资本调整指标，仍存在较大的争议。由于我国还没有发生过金融危机，因此无法基于金融危机时期来研究调整指标的选择问题。本章基于金融体系脆弱时期视角来对逆周期缓冲资本的调整指标选择问题进行深入考察。

6.3 研究设计

（一）样本和数据

本节选取 2001—2012 年间的季度数据，在使用主成分分析方法对金融体系脆弱性进行测度的基础上，使用信号提取法对宏观层面、银行业层面以及市场层面的指标的预警性能进行考察。宏观经济数据来自于国家统计局网站和 CSMAR 数据库。银行间同业拆借利率、公司债券与国债收益率差、长短期国债收益率差等数据来源于中国人民银行网站、中经数据库和同花顺数据库。银行业季度数据由新浪财经网站上中国上市银行的季报信息整理而得。[①] 本节使用插值方法对个别季度的缺失值进行了补充，使用 X11 季节调整方法对绝大部分宏观经济变量的季节因素进行了调整。数据

---

① 由于部分上市银行的季度贷款损失准备金率数据缺失值较多，为了使论文结论更为可靠，这里选取了民生银行、浦发银行、招商银行、平安银行、工商银行、交通银行、兴业银行、南京银行和宁波银行等 9 家上市银行。

的整理和分析在 MATLAB（R2013a）和 EVIEWS7.0 软件中完成。

（二）指标的选择和计算过程

逆周期资本缓冲的核心思想是，促使银行在经济周期的繁荣时期积累足够的资本金，以缓冲衰退来临时所带来的损失。因此，理想的逆周期资本缓冲资本调整指标应具有以下两个特点：第一，调整指标能对缓冲资本积累和释放的时间发出正确的信号。这意味着调整指标本身须具有一定的周期性以识别金融体系的好坏时期。第二，在"好时期"积累的缓冲资本能够吸收"坏时期"的潜在损失以避免危机的发生。这意味着调整指标应为缓冲资本的积累和释放提供量化指导。基于逆周期缓冲资本调整指标的上述特点，本文选取能反映宏观经济运行状况、银行业经营状况和资金成本的一些指标作为可能的调整指标。①

（1）反映宏观经济状况的指标主要有实际 GDP 增长率、GDP 缺口、实际信贷增长率、信贷/GDP 缺口、股价波动率和国房景气指数。实际信贷增长率反映的是金融机构对私人部门贷款总和的增长状况，由于政府部门贷款具有逆周期性的特点，理应将其排除在外。但是，基于数据可获得性方面的考虑，我们使用金融机构人民币贷款总额来代替信贷总量。与巴塞尔委员会的做法一致，我们使用 HP 滤波单边趋势法来测算 GDP 和信贷/GDP 缺口值，平滑参数值选择为 400 000。股价波动率是上证指数每日收益率的季度波动率。国房景气指数反映的是房地产业发展变化的趋势和程度。

（2）反映银行业经营状况的指标主要有总资产收益率和贷款损失

---

① 指标选取方法遵循了巴塞尔委员会的做法，但基于数据可获得性和中国的实际情况，我们对部分指标进行了修正。

准备金率。总资产收益率反映的是银行在一段时期的经营成果，在经济上行时期该指标值趋于增大。这里用银行业总利润与平均总资产的比值来度量银行业的季度总资产收益率。贷款损失准备金率反映了银行信贷资产的质量，在经济形势恶化时该指标通常趋于上升。这里用本期新增贷款损失准备与平均总资产的比值来度量贷款损失准备金率。计算过程中的平均总资产是期初资产余额和期末资产余额的平均值。

（3）市场层面反映资金成本的指标主要有银行间同业拆借利率、公司债券与国债收益率差、长短期国债收益率差。这里使用1周的银行间同业拆借利率来反映银行的融资成本。公司债券与国债收益率差是期限相同的公司债券与国债的收益率之差，根据上证公司债指数计算得到。长短期国债收益率差是20年期国债收益率与1年期国债收益率之差。

（三）金融体系脆弱性的度量

在段军山和易明翔（2012）的基础上，我们选取资本充足率、M2/GDP、不良贷款率、信贷增长率、股指每日收益率的波动率、股票交易量波动率、实际有效汇率增长率、热钱波动率、保险净赔付增长率、7日同业拆借利率的变动率等10个维度的指标来刻画我国金融体系的运行状况，使用主成分分析方法来构造2001—2012年期间我国金融体系的季度脆弱性指数。根据累计贡献度85%的标准，选取前3个主成分的加权值来计算脆弱性得分。最后，将各个季度的脆弱性得分映射到区间[0，10]上，得到中国金融体系脆弱性指数。参照蒋丽丽（2006）、段军山和易明翔（2012）的做法，将金融体系脆弱性指数的均值与标准差之和作为脆弱性指数的"高危临界值"。如果该指数高于高危临界值，那么金融体系处于脆弱时期。图6-1是使用主成分分析方法构建的我国金融体系季度脆弱性指数，2002年1季度、2003年2季度、2005年1季度和2009年1季度是我国金融体系较为脆弱的时期。

这里构建的金融体系脆弱性指数与段军山和易明翔（2012）的结果有一定的差异，主要原因是指数构建方法和指标计算方法不同。这里使用的是主成分分析法，对部分指标的计算方法进行了改进（例如，波动率类指标采用的是上证指数每日收益率和每日交易量的季度波动率）。这一结果与国内大多数学者的研究结论一致。马晓莉（2008）和朱敏（2010）等认为从2001年或2003年开始，我国金融体系的脆弱性总体呈下降趋势，这在图6-1中得到了较好的验证。刘伟平和王少林（2011）认为2002年、2003年和2009年这几个年度的脆弱性较高。朱敏（2010）认为2003年第1季度较高，2009年第一季度达到局部高点。陈守东和杨东亮（2010）的研究表明我国金融体系在2008年年底和2009年年初风险较高。因此，这里构建的金融体系脆弱性指数较为准确地反映了我国金融体系的运行状况。

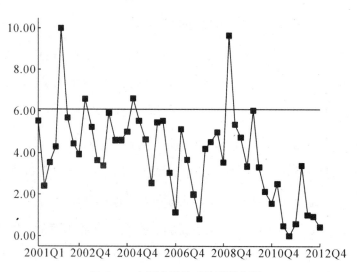

图6-1　中国金融体系脆弱性指数

（四）信号提取法

影响范围广、操作性强且得到广泛认可的金融危机预警方法主要有三个：①Frankel 和 Rose 建立的 FR 单位概率模型；②Sachs、Tornel 和 Velasco 建立的 STV 横截面回归模型；③Kaminsky、Lizondo 和 Reinhart 建立的 KLR 信号分析法。Berg 和 Pattilo（1998）实证分析得出的结论是，KLR 信号分析法的预警效果最好。因此，本书借鉴 Claudio 等（2011）的思路，使用 KLR 信号分析法来对逆周期缓冲资本调整指标的预警性能进行分析。

$$S(y_t) = \begin{cases} 0, & y_t^h < k \\ 1, & y_t^h \geq k \end{cases}$$

首先，考虑缓冲资本的积累阶段。用 y_t 表示指标变量，$S(y_t)$ 表示指标的信号值，k 代表安全阈值。$S(y_t)$ 的取值要么为 0，要么为 1。

信号 1（0）是否正确取决于，金融体系在信号发出后的 8 个季度内是否达到脆弱状态。如果在随后的 8 个季度内金融体系确实为脆弱状态，那么 1 就是正确的信号。[①] 在缓冲资本的释放阶段，假设指标 y_t^1 在金融体系脆弱时期会变大，那么 $y_t^1 \geq k$ 且 $y_{t-1}^1 < k$，$S(y_t) = 1$。否则，$S(y_t) = 0$。如果金融体系在信号发出之前的 1 个季度或随后的两个季度是（不是）脆弱时期，那么 1（0）可以视为是正确的信号。

为了确定每个指标的最佳安全阈值 k，我们将设定一系列的安全阈值，计算指标在每个安全阈值下的噪声信号比，使得噪声信号比最小的

---

① 在金融体系脆弱时期之前，指标的变化有两种可能：一种情形是指标值趋于增大（如信贷增长率、股价波动率等），另一种情形是指标值趋于减小（如 GDP 缺口、长短期国债收益率差等）。为了简化分析，这里仅考虑第一种情形。第二种情形可以类似进行分析。

k 值就是最佳安全阀值（TH）。噪声信号比（NS）等于 ［B／（B＋ D）］／［A／（A＋C）］，A、B、C 和 D 的定义如表 6-1 所示。A（B）表示在指标发出信号 1 后，在设定的时间窗口内金融体系确实是（不是）脆弱时期的季度数；C（D）表示在指标发出信号 0 后，在设定的时间窗口内金融体系确实是（不是）脆弱时期的季度数。NS 计算公式中的分子和分母分别代表噪声信号和有效信号出现的概率。为了进一步筛选出逆周期缓冲资本在上升和下降阶段的最佳调整指标，我们选择在最佳安全阀值下相对准确度（RAD）最大的指标作为合适的调整指标。预测准确率（PRED）等于 A／（A＋C），相对准确度（RAD）是预测准确率（PRED）与噪声信号比（NS）之比。[①]

表 6-1   信号类型

	金融体系脆弱性状况	
	脆弱时期	不是脆弱时期
指标发出信号 1	A	B
指标发出信号 0	C	D

6.4 实证分析

（一）指标预警性能分析

为了较为直观地观测哪些指标可以用作逆周期缓冲资本的调整指

[①] 这里与 Claudio 等（2011）的做法不同，我们没有选择最佳安全阀值下 PRED＞66% 且 NS 最小的指标作为最佳调整指标。主要原因是，当总体样本较小时，PRED 可能非常小，很难满足上述要求。因此，我们使用 RAD 指标来进行替代。RAD 指标值越大，预测的相对准确度就越高。

标，图 6-2 至图 6-4 对各个指标在金融体系脆弱时期前后 8 个季度的表现进行了描述。图 6-2 刻画的是宏观经济变量在金融体系脆弱时期前后的表现。实际 GDP 增长率、GDP 缺口、股价波动率在金融体系脆弱时期前 2~3 个季度就开始下降，无法成为缓冲资本释放阶段的同步指标。GDP 缺口和股价波动率在脆弱时期前的上升趋势意味着它们能为缓冲资本的积累提供一定的信息。信贷增长率、信贷/GDP 缺口在金融体系脆弱时期前较短的时间内急剧上升，这些指标对金融体系脆弱性较为敏感。但是，要求缓冲资本在很短的时间内大幅增加，实践过程中可能很难操作。信贷增长率在缓冲资本释放阶段表现出较好的预警性能。国房景气指数波动较大且下降过早，因此无法成为合适的调整指标。

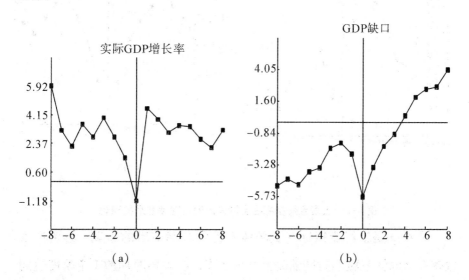

(a)   (b)

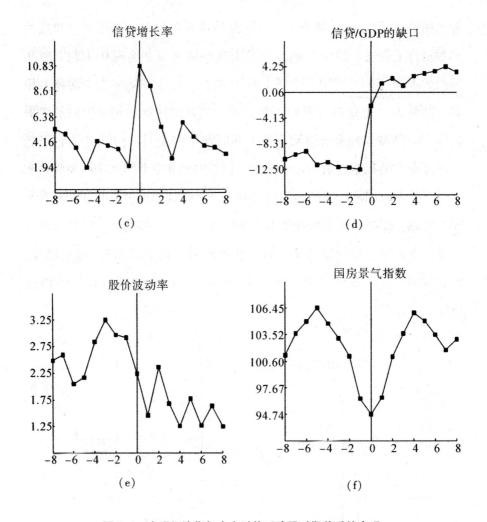

图6-2　宏观经济指标在金融体系脆弱时期前后的表现

图6-3是银行业指标在金融体系脆弱时期前后的表现。总资产收益率在金融体系脆弱时期前先上升后下降，在脆弱时期前1个季度达到最低点，然后又开始回升。总体来说，脆弱时期前并不持久的上升趋势和过早的下降趋势使得这一指标无法作为缓冲资本的调整指标。贷款损失准备金率在金融体系脆弱时期前后变化不显著，在脆弱时期之后第7个季度才明显上升，难以为缓冲资本积累和释放提供及时的信息。

图6-4是市场层面指标在金融体系脆弱时期前后的表现。同业拆

借利率在金融体系脆弱时期前的大部分时间内处于下降过程中，表明这一指标能为缓冲资本的积累提供一定的信号。在缓冲资本的释放阶段，指标在脆弱时期后的1个季度才开始显著上升，同步性不明显。公司债券与国债收益率差在整个时间窗口内始终围绕横轴上下波动，过于频繁的波动使得该指标难以为缓冲资本的积累和释放提供可靠信号。长短期国债收益率差在金融体系脆弱时期前4~6季度逐渐减小，然后逐步增加，表明长期经济风险先减小后增加，过早的上升趋势使得该指标难以成为缓冲资本释放阶段的同步指标。

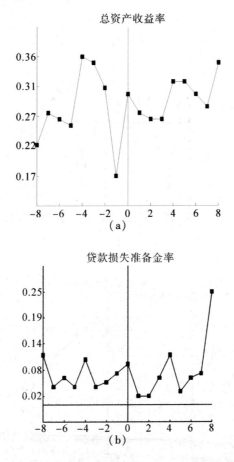

图6-3 银行业指标在金融体系脆弱时期前后的表现

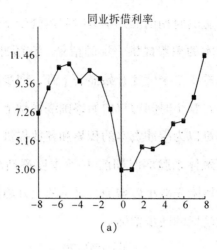

（a）

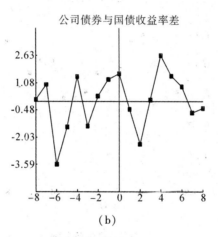

（b）

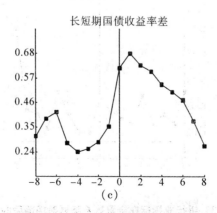

（c）

图6-4 市场层面指标在金融体系脆弱时期前后的表现

综上所述，对我国逆周期缓冲资本政策而言，单一指标很难同时作为缓冲资本积累阶段和释放阶段的调整指标。这与理论分析的结果较为一致。金融体系由"好时期"变为"坏时期"通常是突发性的，我们需要同步指标来满足缓冲资本及时释放的要求。但是，金融体系由"坏时期"变为"好时期"通常是渐进的，我们需要反映金融压力的先行指标来满足压力时期有足够多的缓冲资本。因此，单一指标很难同时达到上述两个要求。

（二）信号提取效果

表6-2给出了每个指标在缓冲资本积累阶段的具体表现。由表中数据可以看出，PRED指标都不超过25%，NS都在10%~100%的范围内变动，这说明噪声对信号的影响较大。① 各个指标预测的相对准确度之间也存在较大差异。长短期国债收益率差和国房景气指数的表现最好，相对准确度高达95%以上；信贷/GDP缺口的表现最差，相对准确度只有6.24%。从指标类别来看，银行业指标和宏观经济变量中与GDP增长率、信贷增长率相关的指标表现都比较差，表明这些指标在缓冲资本积累阶段提供的信息极其有限。反映资产状况的指标（如股价波动率、国房景气指数）对金融体系压力的积聚较为敏感。市场层面指标中只有长短期国债收益率差表现出较好的预警性能。

---

① 导致这一结果的原因可能是样本期太短。高危临界值为 $u+\sigma$ 时，金融体系脆弱时期只出现了4次，单一指标预测到的脆弱时期次数与发出信号总数的比率较小。

表 6-2 缓冲资本积累阶段各个指标的表现

	指标	TH	PRED	NS	RAD
宏观经济指标	实际 GDP 增长率	0.0390	0.0521	0.4174	0.1248
	GDP 缺口	0.0636	0.0417	0.2609	0.1597
	信贷增长率	0.0485	0.0521	0.8348	0.0624
	信贷/GDP 缺口	0.0569	0.0521	0.6261	0.0832
	国房景气指数	103.8106	0.1458	0.1491	0.9783 **
	股价波动率	0.0235	0.0729	0.1491	0.4891
银行业指标	总资产收益率	0.0270	0.2500	1.0000	0.2500
	贷款损失准备金率	0.1950	0.0625	0.2667	0.2344
市场层面指标	同业拆借利率	0.0644	0.2292	0.5217	0.4392
	公司债券与国债收益率差	0.0173	0.0625	0.3636	0.1719
	长短期国债收益率差	0.0053	0.1146	0.1148	0.9978 *

注:* 和 ** 分别表示最高和次高的 RAD 值。

从表 6-3 可以看出,指标在释放阶段的预测能力比积累阶段更差一些,噪声信号比较大。在缓冲资本释放阶段,贷款损失准备金率的 RAD 值最高,然后是 GDP 缺口、股价波动率和同业拆借利率,说明这几个指标的表现相对好一些。表现最差的是 GDP 增长率,噪声信号比高达 104.55%,这意味着 GDP 增长率无法为金融体系压力的积聚提供可靠信号。GDP 缺口指标作为 GDP 增长率对长期趋势的偏离度能对缓冲资本的释放能提供一定的信号。总体而言,各个指标在缓冲资本释放阶段的 RAD 值比积累阶段小得多,单一指标很难为释放阶段提供可靠信号,政策制定者在指标选择和信号使用方面需更加谨慎。

表 6-3 缓冲资本释放阶段各个指标的表现

	指标	TH	PRED	NS	RAD
宏观经济指标	实际 GDP 增长率	0.0136	0.0109	1.0455	0.0104
	GDP 缺口	−0.0439	0.0227	0.4783	0.0475**
	信贷增长率	0.0571	0.0208	0.5714	0.0365
	信贷/GDP 缺口	0.0046	0.0217	0.5227	0.0416
	国房景气指数	103.3680	0.0227	0.9565	0.0238
	股价波动率	0.0242	0.0227	0.4783	0.0475**
银行业指标	总资产收益率	0.1550	0.0227	0.7333	0.0310
	贷款损失准备金率	0.1950	0.0326	0.5476	0.0595*
市场层面指标	同业拆借利率	0.0686	0.0227	0.4783	0.0475**
	公司债券与国债收益率差	0.0173	0.0326	0.7667	0.0425
	长短期国债收益率差	0.0044	0.0217	0.6389	0.0340

注：* 和 ** 分别表示最高和次高的 RAD 值。

（三）审慎性分析

上述分析是基于 $\mu+\sigma$ 的标准界定的金融体系脆弱时期。为了使分析结论更为可靠，这里再以 $\mu+0.75\sigma$ 和 $\mu+0.5\sigma$ 作为高危临界值的界定标准进行分析，在增加金融体系脆弱时期次数的基础上进一步检验各个指标的预警能力。

表 6-4 是三种高危临界值情形下缓冲资本积累阶段各个指标对应的 RAD 值。由表中数据可以看出，绝大部分指标的预警能力随着金融体系脆弱性标准的放宽而下降，市场层面指标的下降趋势尤其明显。缓冲资本积累阶段的最佳调整指标在不同的高危临界值下不同。GDP 缺

口表现出了相对优良的预警性能，这说明该指标是缓冲资本积累阶段较为合适的参考指标。

表 6-4 三种高危临界值情形下缓冲资本积累阶段的指标表现

	指标	μ+σ	μ+0.75σ	μ+0.5σ
宏观经济指标	实际 GDP 增长率	0.1248	0.1393	0.0743
	GDP 缺口	0.1597	1.2188*	0.6500*
	信贷增长率	0.0624	0.1523	0.0813
	信贷/GDP 缺口	0.0832	0.2216	0.1182
	国房景气指数	0.9783**	0.2216	0.1182
	股价波动率	0.4891	0.0623	0.0332
银行业指标	总资产收益率	0.2500	0.1250	0.0667
	贷款损失准备金率	0.2344	0.2422**	0.1292**
市场层面指标	同业拆借利率	0.4392	0.1741	0.0929
	公司债券与国债收益率差	0.1719	0.2109	0.1125
	长短期国债收益率差	0.9978*	0.1509	0.0805

注：* 和 ** 分别表示最高和次高的 RAD 值。

表 6-5 是三种高危临界值情形下缓冲资本释放阶段各个指标对应的 RAD 值。绝大部分指标的预警能力随着金融体系脆弱性标准的放宽出现先上升后下降的趋势。最佳调整指标在不同的高危临界值下不同，银行业指标表现出了较为显著的预警能力，尤其是贷款损失准备金率。因此，贷款损失准备金率能为缓冲资本的释放提供一定的信号。

表 6-5 三种高危临界值情形下缓冲资本释放阶段的指标表现

指标		$\mu+\sigma$	$\mu+0.75\sigma$	$\mu+0.5\sigma$
宏观经济指标	实际 GDP 增长率	0.0104	0.2168	0.1156
	GDP 缺口	0.0475**	0.0969	0.0517
	信贷增长率	0.0365	0.0361	0.0193
	信贷/GDP 缺口	0.0416	0.0969	0.0517
	国房景气指数	0.0238	0.0323	0.0172
	股价波动率	0.0475**	0.2891	0.1542
银行业指标	总资产收益率	0.0310	0.6888*	0.3673*
	贷款损失准备金率	0.0595*	0.5098**	0.2719**
市场层面指标	同业拆借利率	0.0475**	0.1939	0.1034
	公司债券与国债收益率差	0.0425	0.2653	0.1415
	长短期国债收益率差	0.0340	0.0434	0.0231

注:* 和 ** 分别表示最高和次高的 RAD 值。

综上所述,对我国逆周期缓冲资本调整而言,GDP 缺口和贷款损失准备金率分别在积累阶段和释放阶段有着较好的预警性能。值得注意的是,这与一部分国外文献的结论并不一致。可能的原因是:①信贷/GDP 缺口指标本身存在一定的局限,在经济下行时期 GDP 的下降很有可能导致指标值的增加,从而发出错误的预警信号。GDP 缺口能较为准确地反映经济的波动情况,指标值在经济繁荣时期通常趋于上升,因此 GDP 缺口能为缓冲资本的积累提供一定的信号。②我们选择的样本区间太短,金融体系脆弱时期数目较小可能导致较大的测量误差。③国外文献大多基于银行业危机或金融危机进行分析,这种方法并不一定适合于某些国家,这也是巴塞尔协议Ⅲ强调各国应选择适合本国国情的逆周期缓冲资本调整指标的原因所在。

6.5　本章小结

本章选取了 2001—2012 年间的季度数据，在使用主成分分析方法对金融体系脆弱性进行度量的基础上，使用信号提取法对宏观经济层面、银行业层面和市场层面的指标预警性能进行了考察。结果表明：①在 $\mu+\sigma$ 的高危临界值标准下，2002 年 1 季度、2003 年 2 季度、2005 年 1 季度和 2009 年 1 季度是我国金融体系较为脆弱的时期。②GDP 缺口和贷款损失准备金率分别在缓冲资本积累和释放阶段表现出较为稳定的预警性能，而巴塞尔协议Ⅲ所建议的信贷/GDP 缺口在整个阶段未能对缓冲资本的调整提供可靠信号。③无论是在缓冲资本的积累阶段还是释放阶段，逆周期缓冲资本政策的制定都不能仅使用单一调整指标给出的信号，稳妥的政策决策还需关注其他维度的信息。

本章的研究对制定符合我国国情的逆周期缓冲资本实施方案而言具有重要的政策意义：首先，逆周期缓冲资本尽早实施将有助于缓解我国金融体系脆弱性状况。在过去的十多年里，我国金融体系阶段性的脆弱状况最终并未转化为金融危机主要源于不发达的金融市场和具有较强行政色彩的政府财政支持。未来资本市场的逐步放开和全球金融市场更为频繁的震荡将进一步加聚我国金融体系系统性风险，尽快实施逆周期缓冲资本势在必行。其次，相比巴塞尔协议Ⅲ建议的信贷/GDP 缺口，在缓冲资本积累和释放阶段分别建立以 GDP 缺口和贷款损失准备金率为主要调整指标的计提机制能更好地缓释我国金融体系系统性压力。最后，现阶段缓冲资本的调整无法完全依靠基于调整指标的规则行事，综合考虑其他变量指标（资产价格、市场资金成本等）与银行业风险状况和宏观经济政策变化等定性因素，采用定量与定性判断相结合的方法来确定逆周期缓冲资本政策更为稳妥。

参考文献

［1］ Acharya V, Santos J, Yorulmazer T. Systemic risk and deposit insurance premiums ［R］. Economic Policy Review, Federal Reserve Bank of New York, 2010 (8).

［2］ Acharya V, Yorulmazer T. Too many to fail: an analysis of time−inconsistency in bank closure policies ［R］. Bank of England Working Paper, 2007 (319).

［3］ Acharya V. A theory of systemic risk and design of prudential bank regulation ［J］. Journal of Financial Stability, 2009 (5): 224−255.

［4］ AdrianT, Brunnermeier M. CoVar ［R］. Working paper, 2009 (8).

［5］ Alessandri Gai. Towards a framework for quantifying systemic stability ［J］. International Journal of Central Banking, 2009 (3): 47−81.

［6］ Bank of England. The role of macroprudential policy ［R］. A Discussion Paper, 2009.

［7］ Basel Committee on Banking Supervision. A global regulatory framework for more resilient banks and banking system ［R］. 2011.

［8］ Basel Committee on Banking Supervision. Countercyclical capital buffer proposal ［R］. Bank for International Settlements, 2010.

［9］ Basel Committee on Banking Supervision. Global systemetically, important banks: Assessment methodology and the additional loss absorbency requirement ［R］. 2010.

［10］ Basel Committee on Banking Supervision. Global systemically important banks: assessment methodology and the additional loss absorbency requirement ［R］. 2011.

［11］ Bernanke B. Monetary policy and the housing bubble ［R］. Speech at the Annua Meeting of the American Economic Association, 2010.

［12］ Borio C, Drehmann M. Assessing the risk of banking crises (revisited) ［J］. BIS Quarterly Review, 2009 (3).

［13］ Borio C, Drehmann M. Towards an operational framework for financial stability: "Fuzzy" measurement and its consequences ［R］. BIS Working paper, 2009 (284).

［14］ Borio C. Implementing the macroprudential approach to financial regulation and supervision ［J］. Banquede France Financial Stability Review, 2009, 13 (9).

［15］ Borio C, Lowe P. Asset prices, financial and monetary stability: exploring the nexus ［R］. Working paper, 2002.

［16］ Borio C. The macroprudential approach to regulation and supervision ［R］. Working paper, 2009 (April).

［17］ Borio C. Towards a macroprudential framework for financial supervision and regulation? ［R］. BIS Working Paper, 2003 (128).

［18］ Borio Shim. What can macro－prudential policy do to support monetary policy? ［R］. BIS Working Paper, 2007 (242).

［19］ Bouvatier V, Lepetit L. Banks' procyclical behavior: Does provisioning matter? [J]. Journal of International Financial Markets, 2008 (5): 513-526.

[20] Brownlees C, Engle R. Volatility, correlation and tails for systemic risk measurement [R]. New York: NewYork UniversityWorking Paper, 2011.

[21] Brunnermeier M. Deciphering the liquidty and credit crunch [J]. Journal of Economic Perspective, 2010 (27).

[22] Brunnermerier M, Et al. The fundamental principles of financial regulation [R]. Geneva Reports on the World Economy, 2009 (11).

[23] Cao Z. MultiCoVaR and shapley value -a systemic risk measure [R]. Working paper, 2013.

[24] Chan-Lau J. Balance sheet network analysis of too -connected -to -fail risk in global and domestic banking systems [R]. IMF Working Paper, 2010.

[25] Chan-Lau J. Default risk codependence in the global financial system: was the bear stearns bailout justifed? [R]. Working paper, 2008.

[26] Chan-Lau J. Regulatory capital charges for too-connected-to-fail institutions: a practical proposal [J]. Financial Markets, Institutions & Instruments, 2010 (19): 355-379.

[27] Chen Z. Are banks too big to fail? measuring systemic importance of financial institutions [J]. International Journal of Central Banking, 2010 (10): 205-250.

[28] Chien C, Peña J, Wang C. Measuring systemic risk: common factor exposures and tail dependence effects [R]. Working paper, 2013.

[29] Clement R. The term "macroprudential origins and evolution"

［J］. BIS Quarterly Review, 2010 (3).

［30］Cochrane J. Asset pricing ［M］. New Jersey: Princeton University Press, 2005.

［31］Crockett A. Marrying the micro- and macro-prudential dimensions of financial stability ［R］. BIS Speeches, 2000 (9).

［32］De Bandt And Hartmann. Systemic risk: asurvey ［R］. ECB Working Paper, 2000.

［33］Drehmann M, Borio C, Tsatsaronis K. Anchoring countercyclical capital buffers: the role of credit aggregates ［J］. International Journal of Central Banking, 2011 (7): 189-240.

［34］Drehmann M, Tarashev N. Measuring the systemic importance of interconnected banks ［R］. BIS Working paper, 2011 (342).

［35］Elijah B, Julapa J. How much would banks be willing to pay to become "too big to fail" and capture other benegits ［R］. The Federal Bank of Kansas City Economic Research Department Research Working Paper, 2007.

［36］Elsinger H, Lehar A, Summer M. Risk assessment for banking systems ［J］. Management Science, 2006 (9).

［37］Elsinger H, Lehar A, Summer M. Using market information for banking system risk assessment ［J］. International Journal of Central Banking, 2005 (2): 137-165.

［38］European Central Bank. Is BsaelII Procyclical? A selected review of the Literature ［J］. Financial Stability Review, 2009 (12).

［39］Financial Stability Board. Assessment methodologies for identifying non-bank non-insurer global systemically important financial institutions ［R］. 2014 (1).

[40] Foglia A. Stress testing credit risk: a survey of authorities' approaches [J]. International Journal of Central Banking, 2009 (5): 9-45.

[41] Frankel J, Rose A. Curency crashes in emerging markets: an empirical treatment [J]. Journal of International Economics, 1996 (11).

[42] Freixas X, Martin A, Skeie D. Bank liquidity, interbank markets, and monetary policy [J]. The Review of Financial Studies, 2011, 24 (8): 2656-2692.

[43] FSB, IMF, BIS. Macro-prudential policy tools and frameworks-Update to G20 [R]. Finance Ministers and Central Bank Governors, 2011.

[44] Gabriel Jiménez, Steven Ongena, José - Luis Peydró, Jesús Saurina. Macroprudential policy, countercyclical bank capital buffers and credit supply: Evidence from the Spanish dynamic provisioning experiments [R]. National Bank of Belgium, Working Paper Research, 2012 (231).

[45] Gauthier C, Lehar A, Souissi M. Macroprudential regulation and systemic capital requirments [R]. Bank of Canada working paper, 2010 (4).

[46] Goodhart C, Persaud A. A Party pooper's guide to financial stability [J]. Financial Times, 2008 (6).

[47] Goodhart C, Persaud A. How to avoid the next crash [N]. Financial Times, 2008 (1).

[48] Goodhart, Segoviano. Banking stability measures [R]. IMF Working Paper, 2009.

[49] Hansen L. Challenges in identifying and measuring systemic risk [R]. NBER Working paper, 2012 (18505).

［50］ Hanson S, Kashyap A, Stein J. A macroprudential approach to financial regulation ［J］. Journal of Economic Perspectives, 2011 （25）: 3-28.

［51］ Hautsch N, Schaumburg J, Schienle M. Financial network systemic risk contributions ［R］. SFB discussion paper, 2012.

［52］ Hautsch N, Schaumburg J, Schienle M. Quantifying time - varying marginal systemic risk contributions ［R］. Working paper, 2011.

［53］ Huang X, Zhou H, Zhu H. A framework for assessing the systemic risk of major financial institutions ［J］. Journal of Banking and Finance, 2009 （33）: 2036-2049.

［54］ Huang X, Zhou H, Zhu H. Assessing the systemic risk of a heterogeneous portfolio of banks during the recent financial crisis ［R］. BIS Working Paper, 2010.

［55］ Hyung-Kwon J. The pro-cyclicality of bank lending andits funding structure: the case of Korea ［R］. 2009.

［56］ IMF, Global financial stability report-responding to the financial crisis and measure systemic risk ［R］. 2009.

［57］ Kaminsky G, Lizondo S, Reinhart C. Leading indicators of currency crises ［D］. Staff Papers-International Monetary Fund , 1998: 1-48.

［58］ Kaminsky G, Lizondo S, Reinhart C. The twin crises: the causes of banking and balance-of-payments problems ［J］. American economic review, 1999: 473-500.

［59］ Kasper L. Monitoring systemic risk based on dynamic thresholds ［R］. IMF Working Paper, 2012 （6）.

［60］ Kaufman G, Bank Failures. Systemic risk and bank regulation

[J]. The CATO Journal, 1996 (16): 17-46.

[61] Kaufman G, Scott K. What is systemic risk, and do bank regulators retard or contribute to it? The independent review [J]. Journal of Political Economy, 2002 (3): 371-391.

[62] Kay J. Narrow banking: the reform of banking regulation [R]. CSFI Papers, 2009 (9).

[63] Koenker R, Bassett G. Regression quantiles [J]. Econometrica, 1978 (46): 33-50.

[64] Korinek A. Regulating capital flows to emerging markets: an externality view [D]. Mimeo, 2009.

[65] Kregel J. Minsky's cushions of safety: systemic risk and the crisis in the US subprime mortgage market [J]. Economics Public Policy Brief Archive, 2008 (1).

[66] Lowe P. Credit measurement and pro-cyclicality [R]. BIS Working Paper, 2002 (116).

[67] Mathias D, Nikola T. Measuring the systemic importance of interconnected banks [R]. BIS Working Paper, 2011 (342).

[68] Merton, Robert. On the pricing of corporate debt: the risk structure of interest rates [J]. Journal of Finance, 1974 (29): 449-470.

[69] Michael B, Gerald K, Claus P, Summer M. Systemic risk monitor: a model for systemic risk analysis and stress testing of banking systems [R]. Financial Stability Report, 2006.

[70] N'Diaye P. Countercyclical macro prudential policies in a supporting role to monetary policy [R]. IMF Working Paper, 2009 (257).

[71] Nier E, Yang J, Yorulmazer T, Alentorn A. Network models

and financial stability [J]. Journal of Economic Dynamics and Control, 2007 (31): 2033-2060.

[72] Perotti E, Suarez J. Liquidity insurance for systemic crises [D]. Testimonial at the Select Committee on Economic Affairs for Banking Regulation and Supervision, 2009.

[73] Poole W. Rules – of – thumb for guiding monetary policy [J]. REVIEW, 2008 (1): 447-497.

[74] Repullo R, Salas S. The countercyclical capital buffer of Basel III: a critical assessment [D]. CEPR Discussion Paper, 2011.

[75] Repullo R, Saurina J, Trucharte C. Mitigating the procyclicality of Basel II [D]. Macroeconomic Stability and Financial Regulation: Key Issues for the G20, 2009.

[76] Repullo R, Suarez J. The procyclical effects of bank capital regulation [J]. Review of Financial Studies, 2013 (26): 452-490.

[77] Repullo R, Suarez J. The procyclical effects of bank capital regulation [J]. Review of Financial Studies, 2013, 26 (2): 452-490.

[78] Repullo, Cyclical. Adjustment of capital requirements a simple framework [R]. Centro de EstudiosMonetariosyFinancieros, Working Paper, 2012.

[79] Saurina J. Dynamic provisioning, the experience of Spain [D]. Crisis Response Public Policy for the Private Sector, 2009.

[80] Scott S, Jesse C. Countercyclical capital regime: a proposed design and empirical evaluation [R]. Federal Housing Finance Agency Working Paper, 2012.

[81] Shapley L. A Value for n−person games [D]. In Contributions to

the Theory of Games, 1953.

[82] Tarashev N, Borio C, Drehmann M. Measuring the systemic importance of interconnected banks [R]. BIS working paper, 2011.

[83] Tarashev N, Borio C, Tsatsaronis K. Attributing systemic risk to individual institutions [R]. Technical Report Working Papers, 2010 (308).

[84] Tarashev N, Borio C, Tsatsaronis K. The systemic importance of financial institutions [J]. BIS Quarterly Review, 2009 (9).

[85] Turner P. Macroprudential policies in EMEs: theory and practice [R]. BIS Papers, 2011 (62).

[86] Vella J, Fuest C, Schmidt-Eisenlohr T. The EU Commission's Proposal for a financial transaction tax [R]. Oxford Legal Research Paper Series, 2012 (14).

[87] William S. A theory of market equilibrium under conditons of risk [J]. The Journal of Finance, 1964 (3): 425-442.

[88] Zhou C. Are banks too big to fail? measuring systemic importance of financial institutions [J]. International Journal of Central Banking, 2010.

[89] Zhou C. On extreme value statistics. PhD thesis [D]. Tinbergen Institute, 2008.

[90] 巴曙松, 居姗, 朱元倩. SCCA 方法与系统性风险度量 [J]. 金融监管研究, 2013 (3).

[91] 巴曙松, 居姗, 朱元倩. 我国银行业系统性违约风险研究——基于 Systemic CCA 方法的分析 [J]. 金融研究, 2013 (9).

[92] 巴曙松, 王凤娇, 孔颜. 系统性金融风险的测度方法比较 [J]. 湖北经济学院学报, 2011 (1): 32-39.

[93] 巴曙松, 王凤娇. 逆周期监管指标的设定 [J]. 资本市场,

2012（7）.

［94］白雪，牛锋.金融业务创新与银行间市场流动性［J］.西南金融，2014（9）：46-49.

［95］白雪梅，石大龙.中国金融体系的系统性风险度量［J］.国际金融研究，2014（6）：75-85.

［96］陈守东，杨东亮.中国银行体系脆弱性的动态分析与预测［J］.吉林大学社会科学学报，2010（4）：111-119.

［97］陈雨露，马勇.中国逆周期资本缓冲的"挂钩变量"选择：一个实证评估［J］.教学与研究，2012（12）：5-16.

［98］程希明，蒋学雷，陈敏，吴国富.中国股市板块羊群效应的实证研究［J］.系统工程理论与实践，2004（12）：34-38.

［99］邓晶，张加发，李红刚.银行系统性风险研究综述［J］.系统科学学报，2013（2）：34-38.

［100］杜晓蓉.构建中国新型金融危机的早期预警体系模型［J］.西南民族大学学报，2010（4）：162-166.

［101］段军山，易明翔.中国金融体系脆弱性测度及其经验解释：2001—2010［J］.广东金融学院学报，2012（2）：3-16.

［102］范小云，方意，王道平.我国银行系统性风险的动态特征及系统重要性银行甄别——基于CCA与DAG相结合的分析［J］.金融研究，2013（11）.

［103］范小云，王道平，方意.我国金融机构的系统性风险贡献测度与监管——基于边际风险贡献与杠杆率的研究［J］.南开经济研究，2011（4）：3-20.

［104］范小云，王道平，刘澜飚.规模、关联性与中国系统重要性银行的衡量［J］.金融研究，2012（11）.

［105］范小云.繁荣的背后：金融系统性风险的本质、测度与管理 ［M］.北京：中国金融出版社，2006.

［106］方意.中国宏观审慎监管框架研究 ［D］.天津：南开大学，2013：32-33.

［107］傅亚平，王玉洁，张鹏.我国沪、深两市证券市场"羊群效应"的实证研究 ［J］.统计与决策，2012 （8）：153-156.

［108］盖曦.基于银行同业拆借市场网络模型的我国商业银行系统性风险传导机制研究 ［D］.合肥：安徽财经大学，2014.

［109］郭卫东.中国上市银行的系统性风险贡献测度及其影响因素——基于 MES 方法的实证分析 ［J］.金融论坛，2013 （2）.

［110］胡建生，王非，何健.逆周期资本监管的困境、缺失及出路 ［J］.审计与经济研究，2013 （1）：104-111.

［111］贾彦东.金融机构的系统重要性分析：金融网络中的系统风险衡量与成本分担 ［J］.金融研究，2011 （10）：17-33.

［112］寇武江.论宏观调控中的金融系统性风险 ［J］.金融理论与实践，2005 （4）：9-11.

［113］赖娟，吕江林.基于金融压力指数的金融系统性风险的测度 ［J］.统计与决策，2010 （19）.

［114］赖娟.潜在的危机：中国金融系统性风险研究 ［M］.北京：中国财政经济出版社，2011.

［115］李成，刘生福，高智贤.宏观审慎理论发展综述与展望 ［J］.经济学动态，2011 （11）.

［116］李杜，2012 年金融市场评论 ［J］.中国金融，2013 （3）.

［117］李麟，李华章.影子银行的发展与监管 ［J］.中国金融，2014 （4）：50-51.

［118］李文泓，罗猛.巴塞尔委员会逆周期资本框架在我国银行业的实证分析［J］.国际金融研究，2010（6）：81-87.

［119］李永华.中国商业银行全面风险管理问题研究［D］.武汉大学，2013：37-40.

［120］刘澜飚，宫跃欣.影子银行问题研究评述［J］.经济学动态，2012（2）：128-133.

［121］刘晓星，方磊.金融压力指数构建及其有效性检验——基于中国数据的实证分析［J］.管理工程学报，2012（3）.

［122］刘泽云.巴塞尔协议Ⅲ、宏观审慎监管与政府财政角色安排［D］.财政部财政科学研究所，2011：110-125.

［123］陆岷峰，葛虎.逆周期金融宏观审慎监管的预警体系构建探析［J］.现代财经（天津财经大学学报），2011（7）：59-63.

［124］麦强盛.基于宏观审慎监管的银行业系统性风险研究［D］.暨南大学，2011：64-70.

［125］毛奉君.系统重要性金融机构监管问题研究［J］.国际金融研究，2011（9）.

［126］彭建刚，马亚芳.基于系统整体性的商业银行系统重要性评估方法［J］.财经理论与实践，2013（11）.

［127］乔静予.影子银行体系风险及其传导机制研究——以美国的影子银行体系为例［D］.外交学院，2013.

［128］史高平，高宇.宏观审慎监管理论研究综述［J］.国际金融研究，2011（8）.

［129］宋军，吴冲锋.证券市场中羊群行为的比较研究［J］.统计研究，2001（11）：23-27.

［130］万晓莉.中国1987—2006年金融体系脆弱性的判断与测度

[J]. 金融研究, 2008 (6)：80-93.

[131] 汪争平. 亚洲金融危机与我国金融市场的国际化 [J]. 财贸经济, 1998 (8)：31-35.

[132] 王力伟. 宏观审慎监管研究的最新进展：从理论基础到政策工具 [J]. 国际金融研究, 2010 (11).

[133] 王胜邦. 资本约束对信贷扩张及经济增长的影响：分析框架和典型案例 [J]. 产业经济研究, 2007 (4).

[134] 王晓. 资产证券化对系统性风险的影响机制 [J]. 金融论坛, 2012 (4)：43-48.

[135] 王作文. 宏观审慎监管理论与实证分析 [D]. 吉林大学, 2011：3-7.

[136] 温博慧, 柳欣. 金融系统性风险产生的原因与传导机制：基于资产价格波动的研究评述 [J]. 中南财经政法大学学报, 2009 (6)：76-81.

[137] 温博慧. 系统性金融风险测度方法研究综述 [J]. 金融发展研究, 2010 (1).

[138] 文洪武. 金融宏观与微观审慎监管协调机制研究 [D]. 天津财经大学, 2012：87-98.

[139] 肖崎. 金融体系的变革与系统性风险的累积 [J]. 国际金融研究, 2010 (8)：53-58.

[140] 徐超. 系统重要性金融机构识别方法综述 [J]. 国际金融研究, 2011 (11)：57-64.

[141] 徐芳, 张伟. 系统性金融风险中我国大型商业银行的"贡献"度衡量 [J]. 上海金融, 2014 (3).

[142] 徐明东, 刘晓星. 金融系统稳定性评估：基于宏观压力测试

方法的国际比较 [J]. 2008 (2).

[143] 徐明东, 肖宏. 动态拨备规则的西班牙经验及其在中国实施的可行性分析 [J]. 财经科, 2010 (10).

[144] 徐炜, 黄炎龙. GARCH 模型与 VaR 的度量研究 [J]. 数量经济技术经济研究, 2008 (1): 120-132.

[145] 严兵, 张禹, 王振磊. 中国系统重要性银行评估——基于 14 家上市银行数据的研究 [J]. 国际金融研究, 2013 (2).

[146] 叶永刚, 张培. 中国金融监管指标体系构建研究 [J]. 金融研究, 2009 (4): 159-171.

[147] 袁德磊, 赵定涛. 国有商业银行脆弱性实证研究 (1985—2005) [J]. 金融论坛, 2007 (3): 84-85.

[148] 张亮, 许爱萍, 李树生, 梁朝晖. 金融体系"系统风险"的理论辨析: 与"系统性风险"的区别与联系 [J]. 金融理论与实践, 2013 (8): 6-10.

[149] 张强, 吴敏. 中国系统重要性银行评估: 来自 2006—2010 年中国上市银行的证据 [J]. 上海金融, 2011 (11).

[150] 张炜.《商业银行资本管理办法》对我国商业银行的影响—基于与巴塞尔协议 Ⅲ 的比较研究和实证分析 [D]. 西南财经大学, 2013: 44-45.

[151] 张晓朴. 系统性金融风险研究: 演进、成因与监管 [J]. 国际金融研究, 2010 (7): 58-67.

[152] 张亦春, 胡晓. 宏观审慎视角下的最优货币政策框架 [J]. 金融研究, 2010 (5).

[153] 赵进文, 韦文彬. 基于 MES 测度我国银行业系统性风险 [J]. 金融监管研究. 2012 (8).

［154］钟震.宏观审慎监管相关研究综述［J］.经济理论与经济管理.2012（7）.

［155］周强.中国银行业系统性风险与监管研究［D］.杭州：浙江大学，2014：10-11.

［156］周天芸，周开国，黄亮.机构聚集、风险传染与香港银行的系统性风险［J］.国际金融研究，2012（4）.

［157］周小川.金融政策对金融危机的响应［J］.金融研究，2011（1）.

［158］周小川.金融政策对金融危机的响应——宏观审慎政策框架的形成背景、内在逻辑和主要内容［J］.金融研究，2011（1）.

［159］朱波，卢露.中国逆周期缓冲资本调整指标研究：基于金融体系脆弱时期的实证分析［J］.国际金融研究，2013（10）.

［160］朱敏.中国2000—2010年金融体系脆弱性的分析与测度［J］.经济与管理研究，2011（6）：20-27.

［161］朱元倩，苗雨峰.关于系统性风险度量和预警的模型综述［J］.国际金融研究，2012（1）.